Ich trainiere Schwimmen

Dieses Buch gehört: _____

Mein Verein: _____

Meine Trainer: _____

Meine Trainingsgruppe:

Ich trainiere Schwimmen

Katrin Barth/Jürgen Dietze

Sportwissenschaftliche Beratung:
Prof. Dr. paed. habil. Berndt Barth

Meyer & Meyer Verlag

Die Deutsche Bibliothek – CIP-Einheitsaufnahme

Barth, Katrin:
Ich trainiere Schwimmen /
Katrin Barth ; Jürgen Dietze.
– Aachen : Meyer und Meyer, 2003
(Ich lerne ... ich trainiere)
ISBN 3-89124-910-1

© 2003 by Meyer & Meyer Verlag, Aachen
Adelaide, Auckland, Budapest, Graz, Johannesburg, Miami,
Olten (CH), Oxford, Singapore, Toronto
Member of the World
Sport Publishers' Association (WSPA)
Druck: Druckerei Vimperk, AG
ISBN 3-89124-910-1
E-Mail: verlag@m-m-sports.com

Der Inhalt

Die Übungen und praktischen Hinweise in diesem Buch sind von den
Autoren sorgfältig ausgewählt und überprüft worden. Für Unfälle
oder Schäden jeglicher Art, die im Zusammenhang mit dem Inhalt
des Werkes stehen, können die Autoren jedoch keinerlei Haftung
übernehmen.

Hallo, du Wasserratte!

Ich bin Fini und eine begeisterte Schwimmerin wie du. Vielleicht kennst du mich
schon aus dem ersten Buch. Da haben wir
zusammen das Schwimmen erlernt.

Jetzt wird trainiert!

Fini-Zeichen, die du im Buch finden wirst:

Hier gibt dir Fini einen guten Tipp oder einen wichtigen Ratschlag für das Training.

Bei diesem Zeichen findest du Übungen, die du auch außerhalb der Schwimmhalle und des Trainings zu Hause ausführen kannst.

Hier ist etwas zum Ausfüllen, Eintragen oder Ergänzen.

An dieser Stelle steht ein Rätsel oder eine Frage. Die Lösungen und Antworten findest du am Ende des Buches.

·····················1 LIEBER SCHWIMMER

Wir können dich ja so ansprechen, weil du mit Sicherheit schon recht gut schwimmst. Du kannst dich über Wasser halten, eine längere Strecke schwimmen, mutig springen und tauchen. Jedes Kind muss das lernen, um sich sicher und ohne Gefahr im und am Wasser aufzuhalten. Schwimmen kann dir das Leben retten.

Vielleicht hast du sogar mithilfe unseres Buches „Ich lerne Schwimmen" geübt. Nun willst du dich aber mit der bestandenen Seepferdchenprüfung nicht abfinden. Du hast Spaß an der Sportart und willst weiterüben. Nun interessieren dich alle Schwimmarten, die Wenden und Starts.

Natürlich möchtest du auch wissen, wie man die richtige Technik erlernt, übt und schneller wird. Du hast dich also entschieden, weiter zu trainieren und als Schwimmer immer besser zu werden.

Wenn wir jetzt vom Training und vom Trainieren sprechen, dann hat das seinen Grund. In diesem Buch geht es uns nicht mehr einfach nur um das Schwimmenlernen. Jetzt wird trainiert!

**Nun hast du das Seepferdchen.
Aber wie geht es jetzt weiter?**

Vorab eine kleine Geschichte:

Ein kräftiger Junge machte eine Tour in den Bergen und wollte einen hohen Gipfel besteigen. Frohgemut packte er sich Essen und Trinken ein und marschierte voll Elan los. Da er den Weg nicht kannte, kam er nur mühsam voran. Er kletterte nach oben und wenn er merkte, dass er nicht weiterkam, musste er umkehren und von neuem beginnen. Diese Extrawege kosteten viel Kraft. Wenn er Glück hatte, fand er einen Pfad, der ihn ein Stück weiterbrachte.

Nach vielen solchen Versuchen kam er endlich am Gipfel an und musste feststellen, dass andere schon oben waren. Sie erzählten ihm, dass es einen guten Wanderweg gibt. Den hätte er benutzen können, ohne erst Umwege gehen zu müssen.

Warum hat er nur keine Wanderkarte benutzt und auch niemanden gefragt, der den Weg schon einmal gegangen war?

So ähnlich, wie in unserer Geschichte vom „Gipfelstürmer" verhält es sich auch mit dem Schwimmtraining. Viele Sportler vor dir haben Schwimmen trainiert und gute Ergebnisse erzielt. Du musst also das Schwimmen und das Schwimmtraining nicht neu erfinden, sondern kannst aus den Erfahrungen der Schwimmer vor dir lernen. Du hast es somit viel einfacher.

Mit dem kleinen Buch „Ich trainiere Schwimmen" besitzt du sozusagen eine „Wanderkarte" und eine kleine Anleitung, wie du den „Schwimmergipfel" erklimmen kannst, ohne viele Umwege zu machen. Und du hast natürlich auch deinen Schwimmtrainer, der dir den richtigen Weg zeigen kann.

Es kommt auch vor, dass sich zum Trainieren die Auffassungen von erfahrenen Schwimmern, Trainern und Bücherschreibern etwas unterscheiden. Das ist normal. Frage nach, wenn dir etwas unklar ist und lass dir unterschiedliche Meinungen begründen.

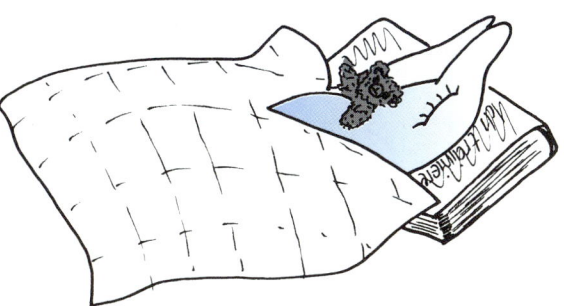

Doch bevor du dich jetzt mit dem Buch unterm Kopfkissen ins Bett legst und denkst, so kannst du morgen gewinnen, möchten wir dir auf dem Weg zum Gipfel noch sagen:

Wir wollen dich beraten und dir erkären, wie du richtig trainieren kannst. Trainieren aber musst du allein.

Ob du auf dem Gipfel ankommst oder nicht, liegt hauptsächlich an dir selbst.

Was im Buch zum Training erklärt wird, gilt für Mädchen genauso wie für Jungen. Um es aber zu vereinfachen, sprechen wir hier allgemein von Schwimmern. So wie mit Trainer auch die Trainerin gemeint ist.

Wir wünschen dir jede Menge Spaß mit diesem Buch. Hier wirst du bestimmt viel Interessantes finden, das dich recht schnell und sicher auf dem Weg zum „Gipfel" begleitet. Dafür viel Erfolg.

Die Autoren und Fini.

Wie es in der Natur des Menschen liegt, war er auch ständig bemüht, die Schwimmtechnik und Lernmethoden zu verbessern.

Die Fantasie der Schwimmlehrer und Trainer ...

... kannte keine Grenzen!

.......2 Geschichte und Gegenwart des Sportschwimmens

Dass die Menschen vom Wasser fasziniert sind, war schon immer so. Schon früher hatte man durch den Fischfang eine ideale Nahrungsquelle, gute Transportwege sowie eine „riesige Badewanne" zum Erfrischen und eine „natürliche Waschmaschine".

Für die Fortbewegung auf und im Wasser suchten die Menschen allerlei Hilfsmittel. Sie bauten Flöße und Kanus oder suchten sich Baumstämme und Korkstücke zum Festhalten. Natürlich versuchte man, sich bald aus eigener Kraft fortzubewegen – durch Schwimmen. Es lässt sich nicht übersehen, dass die Schwimmtechnik den Tieren abgeschaut wurde. Die konnten es immerhin exzellent.

Kommen sie dir bekannt vor?

13

... dass im Altertum das Schwimmen als kultische (religiöse) Handlung angesehen wurde?

Deshalb gab es keine Schwimmwettbewerbe bei den olympischen Spielen der Antike.

... dass bei den alten Griechen Menschen als dumm galten, wenn sie weder buchstabieren noch schwimmen konnten?

... dass römische Krieger während ihrer militärischen Ausbildung Schwimmunterricht erhielten?

Sie sollten im Krieg durch Flüsse schwimmen und im Falle eines Schiffbruchs ihr Leben retten können.

... dass es schon lange vor unserer Zeitrechnung Schwimmunterricht gab?

Als Auftriebshilfen verwendete man mit Luft gefüllte Tierhäute, Binsen und Kork.

... dass es etwa 1840 das so genannte „Seiteschwimmen" gab?

Es ist eine Mischung aus Kraulschwimmen und Brustschwimmen.

... dass der Engländer Captain WEBB 1875 als Erster den Kanal zwischen England und Frankreich durchquerte?

Diese legendäre Stecke zwischen Dover und Calais ist bis heute ein großes Abenteuer für Langstreckenschwimmer.

... dass es um 1900 die Disziplin Hindernisschwimmen gab?

Die Athleten mussten auf der Schwimmstrecke über wackelnde, rollende Fäser klettern, unter schwimmenden Flößen durchtauchen sowie schwimmende Balken und Ruderboote überwinden.

... dass der bekannte Tarzandarsteller Johnny WEISSMÜLLER mehrfacher Olympiasieger im Kaulschwimmen war (1924-1928)?

... dass Mark SPITZ aus den USA bei den Olympischen Spielen 1972 sieben Goldmedaillen gewann?

... dass Schwimmen nach Leichtatlethik die Sportart mit den meisten olympischen Disziplinen ist?

... dass Kristin OTTO bei den Olympischen Spielen 1988 sechs Goldmedaillen holte?

Von Brust zu Schmetterling
– eine neue Schwimmart entsteht!

Auf der Suche nach der immer schnelleren Technik schwang ein Brust-
schwimmer bei jeder Wende und beim Zielanschlag die Arme über das
Wasser zur Wand. Diese kraftvolle, schnelle Schmetterlingsarmbewegung wurde von vielen Brustschwimmern bald auch auf kürzeren
Strecken gleich nach dem Start und im Schlussspurt verwendet. Nun
war aber von der eigentlichen Brustschwimmbewegung nicht mehr viel
übrig. So entschied 1953 der internationale Schwimmverband, dass es
zwei selbstständige Schwimmarten im offiziellen Wettkampf geben
sollte: das Brustschwimmen und das Schmetterlingsschwimmen.

Für eine schnellere Beinbewegung schaute man wieder ins Tierreich.
Wie ein Delfin mit seiner Schwanzflose auf- und abschlägt, so sollte eine
neue, schnelle Beinbewegung aussehen.

Der internationale Schwimmverband gestattete es, diese Delfinbewegung der Beine mit der Schmetterlingsbewegung der Arme zu verbinden.

*Die Frauen durften erstmals
1912 an den olympischen
Schwimmwettbewerben
teilnehmen.*

Die üblichen Disziplinen im Sportschwimmen

	Frauen	Männer
50 m Freistil		
100 m Freisstil		
200 m Freistil		
400 m Freistil		
800 m Freistil		
1.500 m Freistil		
50 m Rücken		
100 m Rücken		
200 m Rücken		
50 m Brust		
100 m Brust		
200 m Brust		
50 m Schmetterling		
100 m Schmetterling		
200 m Schmetterling		
100 m Lagen		
200 m Lagen		
400 m Lagen		
4 x 50 m Lagen		
4 x 100 m Lagen		
4 x 50 m Freistil		
4 x 100 m Freistil		
4 x 200 m Freistil		
5 km Freiwasser		
10 km Freiwasser		
25 km Freiwasser		

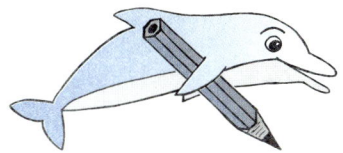

Neben den Disziplinen hast du Platz, die aktuellen Bestzeit einzutragen.
Schreibe mit Bleistift und halte deine Liste auf dem aktuellsten Stand!

So ist der Schwimmsport in Deutschland organisiert

Mein Verein: _____

Mein Landesverband: _____

Deutsche Verbände

Der Schwimmsport kann auf unterschiedliche Art ausgeübt werden. Deshalb sind die Schwimmsportler in Deutschland auch in verschiedenen Verbänden organisiert.

Deutscher Schwimm-Verband (DSV)

Dazu gehören: • Sportschwimmen
• Wasserspringen
• Wasserball
• Synchronschwimmen

Verband Deutscher Sporttaucher (VDST)

Dazu gehören: • Sporttauchen
• Flossenschwimmen

Deutsches Rotes Kreuz (DRK)
Wasserwacht
Deutsche Lebens-Rettungs-Gesellschaft (DLRG)

Dazu gehört: • Rettungsschwimmen

Schau mal ins Internet:

http://www.dsv.de

..............3 HALLO, KRISTIN OTTO!

Geb. am 7. Februar 1966 in Leipzig,
Mehrfache Olympiasiegerin und Weltmeisterin
Beruf: Sportjournalistin

Du bist siebenmal Weltmeisterin und neunmal Europameisterin geworden. Dazu hast du bei den Olympischen Spielen 1988 in Seoul sechs Goldmedaillen erreicht. Was war dein Geheimnis, um eine so supererfolgreiche Schwimmerin zu werden?

Da gab es kein Geheimnis. Schwimmen ist einfach eine tolle Sportart. Ich wollte immer besser und immer schneller werden. Dafür habe ich fleißig trainiert. Doch Leistungssport kann man nur erfolgreich betreiben, wenn man nicht nur die Medaillen sammeln will, sondern Freude am Sport hat.

Hat es dir denn immer Spaß gemacht?

Klar hatte ich auch manchmal keine Lust, zum Training zu gehen. Aber dann habe ich daran gedacht, was ich mir vorgenommen habe. Wenn man den inneren Schweinehund besiegt, ist man hinterher zufrieden und stolz. Ich habe im Training gelernt, wie man für gestellte Ziele kämpft. Das hat mir auch in anderen Dingen geholfen.

Hast du eigentlich immer nur ans Schwimmen gedacht oder gab es noch Hobbys?

Natürlich war Schwimmen mein liebstes Hobby. Aber es gab immer noch anderes in meinem Leben. In der Freizeit habe ich gern gelesen, Musik gehört und mich mit Freunden getroffen.

Ganz wichtig war mir auch immer, einen guten Schulabschluss zu erreichen, um einen interessanten Beruf zu erlernen. Vom Schwimmen allein kann man nicht leben und irgendwann ist auch jede aktive Schwimmzeit vorbei.

Was machst du jetzt?

Nach dem Abitur habe ich in Leipzig Journalistik studiert. Jetzt bin ich Sportjournalistin und berichte im Fernsehen über viele Sportarten und tolle Sportereignisse. Als ehemalige Leistungssportlerin kann ich mich beim Interview gut in die Sportler hineinversetzen. Vielleicht hast du mich sogar schon als Moderatorin in einer ZDF-Sportsendung gesehen.

Welchen Tipp hast du für junge Sportler?

Mach unbedingt weiter, wenn es dir Spaß macht. Du musst aber wissen, ohne Einsatz und Disziplin kann man nicht erfolgreich sein. Trotzdem solltest du neben Training und Sport die Schule, die Familie und die Freunde nicht vergessen. Der Sport und die sportlichen Erfolge können dir viel geben, sind aber nur ein Teil deines Lebens. Siege und Niederlagen machen aus dir noch keinen anderen Menschen. Du kannst im Sport viele Erfahrungen für das Leben sammeln!

**Danke schön für das Gespräch
und weiterhin viel Erfolg im Leben.**

Kristin Otto beim Interview mit Kerstin Kielgaß

Mit welchem erfolgreichen Schwimmer oder Schwimmerin möchtest du gern mal ein Interview führen?

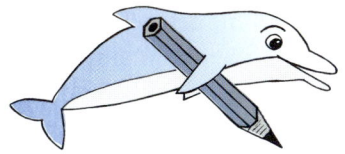

Hier kannst du Fragen aufschreiben, welche du dann stellen würdest!

So erfolgreich will ich auch sein!

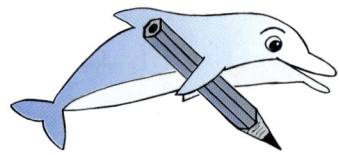

Schreibe hier Schwimmer auf, die du gut findest und denen du nacheifern willst. Klebe Fotos ein und lass dir Autogramme geben.

......................................4 TRAINING – DER WEG ZUM ERFOLG

Die Übungsstunde heißt jetzt Training

Beim Wettschwimmen mit Freunden hast du sicher schon erkennen müssen, dass andere auch ganz gut schwimmen können, vielleicht sogar besser sind und dich besiegen.

Das ist aber kein Problem, denn was andere können, das kannst du auch! Aber wie kannst du das anstellen, ein guter und vielleicht auch erfolgreicher Schwimmer zu werden? Mit diesem Schwimmbuch wollen wir dir helfen, erfolgreich zu trainieren.

Wer ist zum Schwimmen geeignet?

Schwimmen kann nicht nur jeder lernen, sondern es sollte auch jeder lernen. Wenn du dann schwimmen kannst und du viel Freude an dieser Sportart hast, gibt es keinen Grund, nicht ernsthaft im Verein zu trainieren. Ob groß oder klein, etwas kräftiger oder eher zierlich, jeder ist in der Lage, die einzelnen Schwimmarten, die Starts und Wenden zu erlernen. Und nach ausreichendem Training wird man auch bald den Fortschritt sehen. Geeignet ist, wer Spaß, Ausdauer und Fleiß mitbringt.

Natürlich gilt beim Sportschwimmen, wie für jede andere Sportart, dass bestimmte körperliche Voraussetzungen für Spitzenleistungen notwendig sind. Wenn man sich die Weltklasseschwimmer anschaut, dann sind sie meist groß und schlank. Für den richtigen Wasserabdruck

sind große Hände und Füße sowie lange Arme und Beine von Vorteil. Aber nun lauf nicht gleich zum Spiegel oder stelle dich auf die Waage! Zum einen bist du noch im Wachstum und zum anderen muss nicht jeder Weltspitze werden. Außerdem sind auch andere Eigenschaften, wie zum Beispiel Willensstärke, Ausdauer und Kraft wichtig. Aber das wird später noch ausführlich erklärt. Vielleicht interessierst du dich auch nach einigen Jahren Training für eine andere Sportart, für die das Schwimmtraining gute Voraussetzungen schafft.

Erkennst du die Sportarten, für die das Training der Schwimmer Voraussetzung ist?
Fallen dir noch weitere ein?

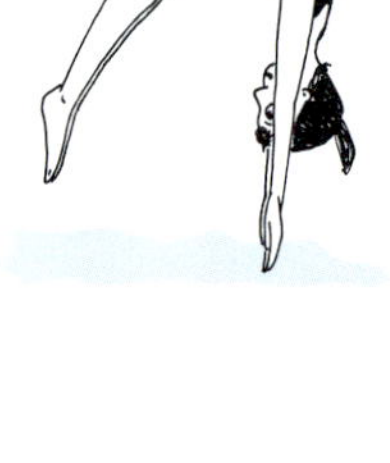

Der Weg zum Schwimmergipfel

Das Buch wird deinen Trainer nicht ersetzen können. Es wird dir jedoch erklären, warum dein Trainer mit dir Technik, Ausdauer, Kraft, Schnelligkeit und Beweglichkeit trainiert. Du lernst verstehen, warum es notwendig ist, neben den Schwimmübungen auch noch andere Übungen an Land auszuführen, die scheinbar überhaupt nichts mit dem Schwimmen zu tun haben.

Du lernst, wie wichtig es ist, sich vor dem Training aufzuwärmen und sich vor dem Wettkampf einzuschwimmen. Du erfährst, warum du nicht an jedem Tag gleich gut bist.

Außerdem erhältst du Hinweise, was du im Training und außerhalb der regelmäßigen Trainingsstunden selbst tun kannst, um deine Leistungsfähigkeit zu verbessern und die Fortschritte selbstständig zu kontrollieren und zu bewerten. Die besten Schwimmer können das. Nach vielen Jahren Training und Wettkampf wissen sie genau, ob sie in Form sind oder nicht und was sie trainieren müssen, um besser schwimmen zu können.

Der Trainer ist dann für sie ein guter Freund und Berater, der aber auch manchmal streng sein muss, wenn der „innere Schweinehund" sagt: „Das ist aber heute anstrengend. Jetzt höre ich auf!"

Aktiv und bewusst trainieren

Als Training wird im Schwimmen alles das verstanden, was man *aktiv* und *bewusst* tun muss, um Spitzenleistungen zu erreichen.

- **Aktiv** heißt, dass du selbst trainieren musst. Du wirst nicht dadurch besser, dass dein Trainer springt oder läuft oder schwimmt. Auch nicht, wenn du dir das Schwimmbuch nachts unter das Kopfkissen legst. Sondern nur, wenn du selbst trainierst, also aktiv bist.

- **Bewusst** heißt, dass du die Aufgaben, die dir der Trainer aufgibt, verstehst und selbstständig erfüllst, dir vielleicht auch schon selbst Übungen ausdenkst und sie ausführst.

Du machst also nicht nur das, was dir gesagt wird, sondern weißt auch, warum du es tust. Was gut ist für deinen Erfolg. Da ein Schwimmer viele Jahre trainieren muss, um sehr gute Leistungen zu erzielen, ist es sinnvoll, gleich zu Beginn zu erfahren, was richtiges Training bedeutet und zu lernen, richtig zu trainieren.

Du wirst dann in der gleichen Trainingszeit wie andere größere Fortschritte machen und am Ende der Sieger sein. Und außerdem macht das Training dann viel mehr Spaß.

 **Trainieren will gelernt sein!**

Richtig trainieren – aber wie?

Voraussetzung für das bewusste Trainieren ist, dass du dir drei Fragen beantworten kannst:

Was **will ich erreichen?**
Was sind die Ziele meines Trainings?

Warum **will ich trainieren?**
Was ist der Grund meines Trainings? Was sind die Motive?

Wie **kann ich trainieren, damit ich meine Ziele erreiche?**
Auf welche Art und Weise kann ich durch Training meine Leistungen verbessern?

Auf den folgenden Seiten gehen wir der Sache mit den Zielen, Motiven und Trainingsmethoden näher auf den Grund.

Am Anfang steht das Ziel

Aktives und bewusstes Training setzt klare Ziele voraus. Wenn du nicht weißt, warum du dich so mühst, wird dir das Training bald keinen Spaß mehr machen. Das wichtigste Ziel eines Schwimmers ist es natürlich, Spaß am Schwimmen zu haben. Richtigen Spaß macht es dir auf Dauer nur, wenn du immer schneller und ausdauernder wirst. So kannst du gegen andere Schwimmer gewinnen. Oder würde es dir vielleicht gefallen, immer nur zu verlieren?

Als Erstes stellst du dir sicher ein ganz großes Ziel vor. Da wird im Fernsehen gezeigt, wie ein Schwimmer Olympiasieger geworden ist.

Er steht ganz oben auf dem Siegerpodest, um seinen Hals hängt die Goldmedaille, er winkt mit den Blumen, wird von allen beglückwünscht und fotografiert.

„Das möchte ich auch erreichen!", wirst du denken.

Das ist auch richtig so. Nur solltest du bedenken, dass der Traum vom Sieg noch nicht die Wirklichkeit ist. Da muss erst viel Schweiß fließen und du wirst auf diesem Weg auch viele Niederlagen einstecken.

Oft steckst du dir schon selbst Ziele. Zum Beispiel nimmst du dir vor, endlich ohne „Bauchplatscher" den Startsprung auszuführen, die Strecke unter fünf Minuten zu schaffen oder beim nächsten Wettschwimmen vor Tom oder Julia anzuschlagen.

 **Ziele sind der Antrieb des Wettkampfsportlers.**

Es macht Spaß, gesteckte Ziele zu erreichen und wenn es noch nicht so klappt, ist dies ein Ansporn. Setze dir aber keine unmöglichen Ziele, sondern nur solche, die realistisch sind und die du auch in nächster Zeit erreichen kannst.

Muss nicht der Trainer die Ziele festlegen?

Vielleicht denkst du, der Trainer könnte dir doch sagen, was du erreichen kannst und solltest. Das wird er tun. Auch er steckt sich Ziele für das Training mit seinen Schwimmern und stellt Trainingspläne auf, nach denen er mit ihnen trainiert. Doch ein jeder Schwimmer kennt sich selbst meist am genauesten, seine Stärken und Schwächen. Deshalb weiß er auch am besten, welche Zwischenziele er sich setzen kann.

Es ist immer gut, wenn du dir die Ziele selbst stellst, als sie von jemandem „aufgedrückt" zu bekommen. Für deine eigenen Ziele bist du viel eher bereit, dich anzustrengen.

Wenn du deinem Trainer genau sagen kannst, was noch nicht so klappt und was du in der nächsten Zeit verstärkt üben willst, dann kann er auch darauf eingehen und dir beim Trainieren helfen.

 *Stell dir einmal vor, du kommst beim Training in solche Situationen. Wie würdest du reagieren?*

1. *Dein Trainer legt Ausdauertraining fest. Dabei sollst du eine längere Strecke in Kraultechnik zurücklegen. Du hast aber bemerkt, dass in letzter Zeit die Atmung beim Kraul nicht mehr gut klappt.*

2. *Der Trainer verlangt beim Krafttraining eine bestimmte Anzahl Liegestütze. Du musst innerlich schmunzeln, denn das ist doch kein Problem für dich. Die paar Liegestütze machst du doch locker und dann gibt's noch ein Lob dafür ...!*

Natürlich haben Trainer und Sportler manchmal verschiedene Auffassungen. Teilweise gibt es Widerspruch zwischen dem, was du dir vornimmst und was dein Trainer von dir verlangt. Für den Trainer ist es ja auch nicht einfach. Stellt er dir sehr hohe Ziele, dann traut er dir eine Menge zu. Wenn du denkst, die Ziele sind für dich zu niedrig, dann zeige ihm, dass du mehr drauf hast.

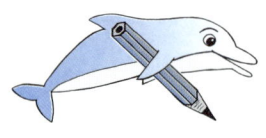 *Trage in die Tabelle auf der nächsten Seite deine gesteckten Ziele mit Datum ein. In die zweite Spalte wird eingetragen, wann du das Ziel erreichen willst. Hast du es dann wirklich erreicht, zeichne ein Häkchen und schreibe das tatsächliche Datum dazu.*

Wenn die Liste voll ist, dann zeichne dir eine neue Übersicht und lege oder klebe sie dir hier ins Buch ein. Du kannst dir auch ein Zieleheft anlegen, welches du längere Zeit verwendest.

Was ich erreichen will/Datum	(Zieldatum) Geschafft!
Beim nächsten Trainingslauf unter den besten Drei anschlagen / 22.10.	(20.12.) 14.01. ✔
20 Liegestütze schaffen / 30.10.	(30.11.)

Das Gesamtziel und die Teilziele

Tom konnte im letzten Wettkampf kein gutes Ergebnis erreichen. Er hat sein *Gesamtziel* nicht erfüllt. Er weiß aber auch, woran es lag, nämlich an seiner schlechten Technik. Nun will er in den nächsten Trainingseinheiten die Technik verbessern. Ein *Ziel* dabei ist, die Wendetechnik zu verbessern. Das muss noch einmal in *Teilziele* gegliedert werden, weil du dich am Anfang ja nicht gleich auf alles konzentrieren kannst.

Wie das gemeint ist, kannst du hier sehen:

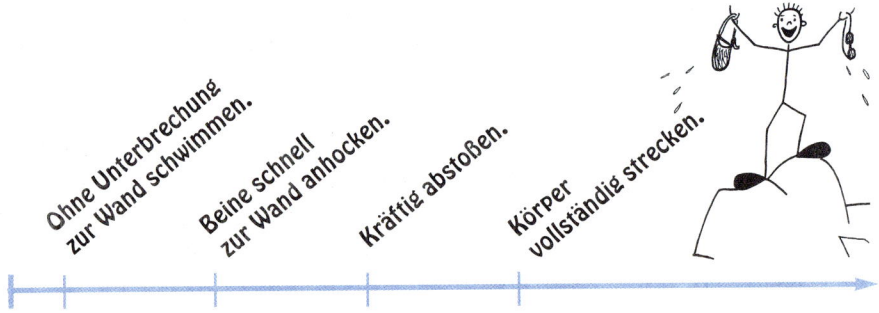

Ohne Unterbrechung zur Wand schwimmen. — Beine schnell zur Wand anhocken. — Kräftig abstoßen. — Körper vollständig strecken.

Schlechtere Wende   Bessere Wende

Auch einen miserablen Startsprung kannst du nicht gleich komplett verbessern. Teilziele für einen besseren Startsprung könnten zum Beispiel lauten:

Zehen um die Kante ⟶ **Kräftig abspringen** ⟶ **Körper strecken**

So kannst du dir für alle Techniken, die im Buch beschrieben sind, Teilziele stellen und dich dann freuen, wenn du es geschafft hast, auch dann, wenn es im Wettkampf vielleicht noch nicht geklappt hat. Für die Kondition lassen sich die Teilziele mithilfe von Sprintzeiten oder Ausdauerleistungen oder der Anzahl der Wiederholungen bei einzelnen Übungen am besten bestimmen.

Motivation – der Antrieb zum Training

Der Grund oder auch die Motive für das Training sind der „psychische Motor", der das Training in Gang setzt. Sie entscheiden darüber, ob du zum Training gehst oder nicht, ob du um ein gutes Ergebnis kämpfst oder dich bei der kleinsten Niederlage hängen lässt.

Bei Regenwetter und Langeweile ist es kein Problem, zum Training zu gehen. Dort triffst du deine Trainingskameraden und vielleicht macht ihr auch ein gutes Spiel. Aber wie sieht es aus, wenn bei Sonnenschein die Eisbar lockt oder eine schöne Serie im Fernsehen kommt? Ist dann auch die Sporttasche so schnell gepackt? Wenn du aber unbedingt ein Zwischenziel beim nächsten Wettkampf erreichen willst und du weißt, das nächste Training ist besonders wichtig, dann wird dir die Entscheidung nicht sehr schwer fallen.

Überprüfe auf S. 34 doch einmal selbst, warum du zum Schwimmtraining gehst und dich beim Training anstrengst. Entscheide, ob ein Motiv für dich sehr wichtig, wichtig oder nicht wichtig ist.

Du kannst ja auch nach einem Jahr diese Übersicht (s. S. 34) nochmals ausfüllen. Vielleicht haben sich deine Motive nun geändert.

> *Der Trainer sagt zu Max: „Schwimm die 100 m so schnell du kannst!" Max gibt sein Bestes und ist am Ende ganz zufrieden mit seiner Leistung. Nach ihm geht Ole an den Start. Der Trainer stoppt eine viel schnellere Zeit. Das ärgert Max, der doch eigentlich zufrieden mit seiner Leistung war. Max möchte nun direkt gegen Ole antreten, denn diese Niederlage lässst er nicht auf sich sitzen.*

Du kannst dir bestimmt denken, dass Max jetzt schneller geschwommen ist als zuvor. Der direkte Wettkampf mit Ole hat ihn motiviert, noch schneller zu schwimmen.

Ich gehe zum Training und bemühe mich um beste Leistungen,

	sehr wichtiger Grund	wichtiger Grund	nicht so wichtig
weil ich so gut schwimmen will wie mein Vorbild.	☐	☐	☐
weil ich etwas für meine Gesundheit tun will.	☐	☐	☐
weil ich durch Training stark werden will.	☐	☐	☐
weil ich meinen Eltern eine Freude machen will.	☐	☐	☐
weil mein(e) bester Freund/beste Freundin auch geht.	☐	☐	☐
weil ich meinen Trainer nicht enttäuschen will.	☐	☐	☐
weil ich dadurch Anerkennung erringen will.	☐	☐	☐
weil ich sonst nicht anderes zu tun habe.	☐	☐	☐
weil ich meinem Verein zum Sieg verhelfen will.	☐	☐	☐
weil ich gerne mal in der Zeitung stehen will.	☐	☐	☐
weil ich mal zur Nationalmanschaft gehören will.	☐	☐	☐
weil ich später als Berühmtheit viel Geld verdienen will.	☐	☐	☐
weil ich durch Training meinen Charakter festige.	☐	☐	☐
weil Schwimmen eine tolle Sportart ist.	☐	☐	☐
weil _____	☐	☐	☐
weil _____	☐	☐	☐

Leistungsentwicklung

In der Fachsprache heißt die Anstrengung im Training **Belastung**. Wie jeder einzelne Schwimmer verschieden ist, so ist auch seine Belastbarkeit und die notwendige Belastung unterschiedlich. Wenn ein Sportler sich beim Training zu wenig anstrengt, dann erreicht er keine Leistungsverbesserung und wenn er sich zu sehr belastet, dann kann dies zur Erschöpfung und zu Verletzungen führen.

Leider gibt es keine Tabelle, in welcher der Schwimmer oder der Trainer nachschauen kann, wie hoch die Belastung sein sollte und darf. Da muss jeder Sportler selbst mithelfen. Im Laufe der Zeit lernt er, in seinen eigenen Körper „hineinzuhören" und zu erkennen, wann die Belastung hoch genug ist.

Bei richtiger Belastung im Training kommt es zur Leistungssteigerung, weil sich unser Organismus anpasst. So wird das Herz größer und leistungsfähiger und die Muskeln werden kräftiger. Du merkst nach einiger Zeit regelmäßigem Trainings, dass Übungen, bei denen du zuvor noch außer Puste gekommen bist, dich gar nicht mehr so anstrengen. Oder wenn früher nach fünf Bahnen schon die Beine und Arme schmerzten, könntest du jetzt leicht noch fünf anhängen. Nun ist es an der Zeit, die Belastung zu erhöhen. Damit muss sich dein Organismus wieder anpassen und die Leistung wird so stufenweise gesteigert.

Viele Sportwissenschaftler und Ärzte haben untersucht und geforscht, welche Trainingsmethoden für Schwimmer die günstigsten sind, um beste sportliche Leistungen zu bringen und den Körper gesund und fit zu halten. Denn einfach draufloszutrainieren, bringt meist nicht den gewünschten Erfolg. Es kann dir sogar schaden.

 Üben ohne Anstrengung ist kein Training.

Bestimmt hast du schon gemerkt, wenn du länger nicht trainiert hast, waren deine Leistungen wieder etwas schlechter. In der ersten Trainingsstunde nach der Pause fielen dir die Übungen schwerer und deine Leistungen waren nicht mehr so gut. Du musstest also wieder mit einer geringeren Belastung beginnen, als du die letzte Trainingsstunde beendet hattest.

 Klug trainiert ist halb gewonnen.

Faulheit und Unregelmäßigkeit im Training unterbrechen die Leistungs-entwicklung. Du wirst auf dem Weg zum Erfolg wieder ein Stück zu-rückgeworfen.

 Wer rastet, der rostet.

Es gibt Zeiten, wo du vielleicht mal etwas mehr für die Schule lernen musst, du mit den Eltern im Urlaub bist, euer Verein nicht genügend Hallenzeiten bekommt. Wer sich ein sportliches Leistungsziel gesetzt hat, sollte jedoch drei- bis viermal in der Woche trainieren.

 Regelmäßiges Training ist besser als unregelmäßiges.

Wenn du durch Krankheit oder eine Verletzung nicht trainieren kannst, dann musst du dich natürlich schonen und wieder gesund werden. Kannst du allerdings durch Urlaub, eine schulische Veranstaltung oder

andere Gründe nicht zum Training gehen, dann versuche trotzdem, in Form zu bleiben. Gehe zum Joggen, mache einige Kraftübungen im Zimmer oder trainiere deine Beweglichkeit. Spezielle Übungen findest du an verschiedenen Stellen des Buches. So wird dir der Anschluss nach der Pause etwas leichter fallen.

Was einen guten Schwimmer ausmacht

Was muss ein guter Schwimmer können?

_____

_____

Wir haben in dieser Übersicht darzustellen versucht, was sich alles auf die Leistung eines Schwimmers auswirkt und was trainiert werden muss. Dass sich in der Darstellung die Kreise überschneiden, liegt daran, dass man die einzelnen Faktoren auf keinen Fall getrennt voneinander sehen kann. Der Kreis der psychischen Fähigkeiten umschließt alles, da diese auf alles einwirken.

Dazu kommen noch wichtige Einflüsse von außen.

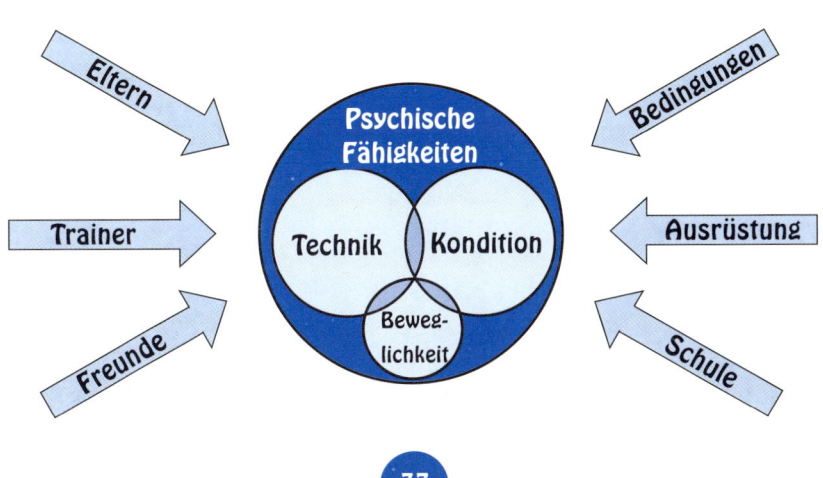

Unter **Kondition** im Schwimmen verstehen wir die Kraft, die ein Schwimmer für den richtigen Durchzug braucht, die Schnelligkeit sowie die Ausdauer, um das Tempo über lange Strecken durchzuhalten. Werden die Arme und Beine schon nach kurzer Zeit „schwer" und gerätst du schnell außer Puste, dann ist deine Kondition noch nicht gut genug.

Mit **Technik** sind die speziellen Bewegungen im Sportschwimmen gemeint. Dazu gehören die Schwimmarten, die Wenden und die Starts. Im Wettkampf muss dann alles automatisch ablaufen. Bist du im Wasser, dann sollst du dich nur noch auf den Wettbewerb konzentrieren und nicht mehr auf die korrekte Ausführung der Technik.

Die besondere **Beweglichkeit** in Schultern, Hüfte und Füßen ermöglicht einem Schwimmer erst die erfolgreiche Ausführung der Technik.

Von der **Psyche** hängt ab, wie siegessicher oder ängstlich du bist, ob dich ein Rückstand entmutigt oder anspornt.

 ## Alle Faktoren zusammen bringen Erfolg!

Nur mit guter Kondition wirst du vielleicht ein prima Ausdauerläufer, mit sauberer Technik ein bewunderter Jongleur oder mit exzellenter Beweglichkeit ein erfolgreicher Zirkusartist. Aber ein Schwimmer braucht alles. Und wenn die Psyche, unser Steuerungssystem, ausfällt, dann kann alles durcheinander gehen. Genauso, als ob beim Computer die Software fehlt. Doch alle Bestandteile auf einmal aufzubauen, ist sehr schwierig. Deshalb muss man Stück für Stück alles trainieren, um ein erfolgreicher Schwimmer zu werden.

Auf unserer Übersicht von Seite 37 siehst du noch Pfeile wie Eltern, Trainer, Freunde, Bedingungen, Ausrüstung und Schule. (Wir hätten auch noch mehr aufzählen können!) Das sind Einflüsse, die von außen kommen und sich auch auf die Leistungen des Schwimmers auswirken. Es ist sehr wichtig, ob die Eltern dich beim Trainieren unterstützen, wie gut du dich mit deinem Trainer verstehst und ob du gern mit deinen Trainingskameraden zusammen bist.

Mit Problemen in der Schule oder Stress in der Familie hat man den Kopf nicht frei. Es ist auch ein Unterschied, ob du in einer schmutzigen, kalten Halle, in einem hässlichen Badeanzug oder uralten Badehose trainierst oder ob die Bedingungen schön sind.

In den nächsten Kapiteln werden wir die einzelnen Faktoren genau erklären und über Trainingsmethoden sprechen. Wir zeigen dir Möglichkeiten für Übungen daheim, für die Selbstkontrolle und die Bewertung deiner eigenen Leistungen.

Der Wettkampf als Höhepunkt des Trainings

Jeder Sportler, der ernsthaft und fleißig trainiert, will so bald wie möglich seine Streckenzeiten wissen. Er will wissen, wie gut die anderen sind und sich mit ihnen vergleichen.

Die Wettkämpfe sind die großen Ziele im Jahresablauf. Jeder Schwimmer trainiert so, dass er zum wichtigsten Wettkampf in Topform ist und dort seine besten Leistungen bringt. Zwischendurch werden im Training Zeiten gestoppt, kleinere Trainingsausscheidungen geschwommen und kleinere Wettkämpfe absolviert. Bestimmt hat auch dein Trainer schon das Trainingsjahr geplant und die Termine für die größeren Wettkämpfe stehen fest.

Was ist dein größter Wettkampf in diesem Jahr? Schreibe ihn hier mit Datum auf.

............5 Psychische Fähigkeiten

Wie kommt es, dass die Menschen Freude und Trauer empfinden können, dass sie sich verlieben oder jemanden hassen?

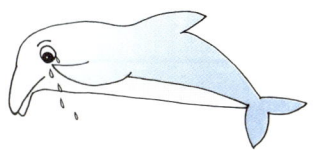

Wie kommt es, dass die Menschen denken, sich erinnern und träumen können? Schon immer hat man wissen wollen, was da in unserem Kopf passiert. Man konnte es sich nicht erklären und hat das Ganze *Seele* genannt.

Der berühmte Mediziner Rudolf VIRCHOW (1821-1902) hat einmal seine Studenten aufgefordert, die Seele im menschlichen Körper zu suchen. Aber was sie bei den zu sezierenden Leichen fanden, waren das Gehirn, das Herz, die Lunge, die Leber und alle anderen Organe. Aber eine Seele fanden sie nicht. Diese konnte auch nicht gefunden werden, weil das Wahrnehmen und Vorstellen, das Denken und Entscheiden sowie das Fühlen und Wollen Ergebnisse der Tätigkeit unseres Gehirns sind. Die Wissenschaft, die sich damit beschäftigt, heißt *Psychologie* und der alte Begriff der Seele wurde durch das Wort *Psyche* ersetzt.

Mit *psychischen Fähigkeiten* ist somit gemeint, wie der Schwimmer mit Freude, Ärger, Wut, Aufregung, Siegeswillen, Angst und den vielen anderen Gefühlen umgehen und sie im Training und im Wettkampf nützlich und erfolgreich einsetzen kann. In der Psychologie wird auch untersucht, wie das Denken abläuft und wie unsere Muskeln Befehle erhalten. Wir stellen uns unser Gehirn mal als Computer vor, der alles steuert. Während des Schwimmens läuft dein „Computer" auf Hochtouren, daher muss auch er gut trainiert sein.

Wie sieht das Innere unseres „Computers" aus?

Wir wollen hier kein medizinisches Buch schreiben. Außerdem ist die Sache mit dem Gehirn viel zu kompliziert und zu umfangreich, um es in einem kleinen Kapitel zu beschreiben. Aber manche Leute denken wirklich, dass Sport nur eine Sache der Muskeln sei. Sie wissen nicht, dass die Impulse für die Muskeln vom Gehirn kommen und dass jede komplizierte sportliche Bewegung und Handlung durch Nervenverbindungen im Gehirn gesteuert wird. Damit du die Bedeutung deines Gehirns beim Schwimmen erkennst, dürfen wir solch ein Kapitel in diesem Trainingsbuch aber auch auf keinen Fall weglassen.

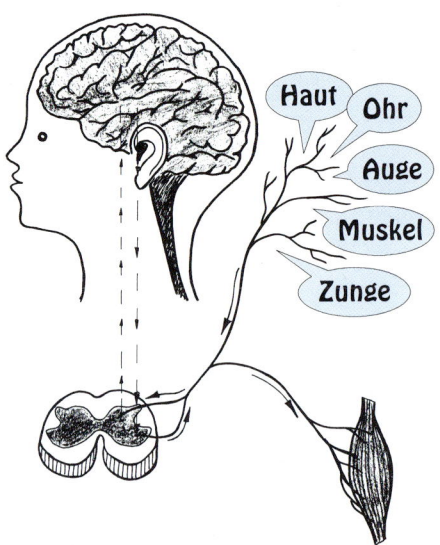

Bewusstes Reagieren

Die meisten Reize und Informationen, die wir über unsere Sinne aufnehmen, werden aber von den Schaltstellen zu den jeweils dafür zuständigen Abschnitten des Gehirns weitergeleitet. Nach einer Kontrolle

der eingehenden Reize werden sie mit Erfahrungen verglichen und gedanklich vorbereitet. Auf den Nervenbahnen gelangen die Befehle über das Rückenmark (das ist die Schaltstelle) an die Muskeln.

Reflexe

Kennst du folgende Situationen? Du greifst versehentlich an die heiße Herdplatte und ziehst blitzschnell die Hand weg, du wirst von hellem Licht geblendet und kneifst die Augen zu oder du rutschst auf einer glatten Fläche aus und ruderst mit den Armen, um nicht hinzufallen. In diesen Situationen reagieren deine Muskeln unbewusst, ohne dass du überlegen musst, was zu tun ist. Man nennt diese Reaktion **Reflex**. Weil du nicht erst nachdenken musst, was zu tun ist, brauchen die Informationen auch nicht an das Gehirn weitergeleitet zu werden. Der Impuls geht von der Schaltstelle gleich an den Muskel.

Der Schwimmer nutzt solche trainierten Reflexe für den Start. Hier braucht er ein superschnelles Reaktionsvermögen, um nicht eine einzige Hundertstelsekunde zu verschenken.

Psychische Stärke

Manche sagen: „Selbstvertrauen ist der halbe Sieg!" So einfach ist das natürlich nicht, aber genügend Wahrheit ist schon in diesem Spruch. Der eine, der selbstbewusst, voller Freude und Elan an eine Sache herangeht, hat natürlich mehr Chancen auf Erfolg als der andere, der ängstlich ist und zweifelt.

Du darfst aber nicht übermütig werden und vor lauter Selbstbewusstsein Fehler machen!

 *Welche der folgenden Eigenschaften und Einstellungen kannst du als Schwimmer gebrauchen und welche sind eher etwas hinderlich?*
Streiche durch, wovon du nicht so viel haben willst.

Selbstbewusstsein – Spaß am Schwimmen – Selbstzweifel – blinde Wut – Risikobereitschaft – Lockerheit – Angst zu verlieren – Ehrgeiz – Siegeswille – Vertrauen in die eigene Leistung – Pessimismus – schlechte Laune – gut in Form fühlen – Konzentrationsfähigkeit.

Voraussetzungen für einen erfolgreichen Wettkampf

 Körperliche Topform
Du hast gut trainiert, fühlst dich stark, locker, entspannt und voller Energie. Du hast ein gutes Gefühl, bist etwas aufgeregt, aber nicht ängstlich oder nervös.

 Geistige Topform
Du freust dich auf den Wettkampf und willst gewinnen. Du bist sicher, dass du deine Ziele erreichst, hast aber auch keine Angst vor einer Niederlage.

 Siegerdenken
Du solltest positiv und optimistisch denken. Statt bei einem schlechteren Start oder einem Zurückliegen zu sagen: „Diesen Lauf verliere ich bestimmt!", solltest du dir sagen: „Ich will jetzt gewinnen! Bis zum Anschlag ist noch nichts verloren!"

 Siegerhaltung
Schau dir noch einmal die beiden Figuren auf Seite 44 an. Wem würdest du eher den Sieg zutrauen? Ja, sicher, dem mit der aufrechten, selbstbewussten Haltung. Zeig den anderen, dass du Selbstvertrauen hast, auch wenn mal was schief geht.

Tipps für den Wettkampf

 Entspannung vor dem Start und zwischen den Wettkämpfen
- Gönne deinem Körper und deinem Kopf eine Ruhepause. Sage dir dabei: „Ganz ruhig!", „Entspann dich!"
- Atme ruhig und tief.
- Schwimm dich locker ein und mach dich mit dem Wasser vertraut.
- Wenn du gut trainiert hast, dann bist du auch fit und leistungsfähig.
- Lass dich nicht irritieren, wenn die Arme plötzlich ganz schwer werden und du dich schlapp fühlst.

 Reaktion nach einem erfolgreichen Start
- Super, der Anfang ist gemacht. Jetzt nur nicht nachlassen!

 Reaktion bei einem Rückstand
- Irgendetwas ist beim Start und auf der ersten Bahn schief gelaufen!
- Sage dir dabei: „Macht nichts!", „Kein Problem!", „Nun hole ich es aber auf!"

 Vorbereitung nach einem Fehlstart
- Schwimme gelöst und locker zurück.
- Der nächste Start muss klappen! Die Einstartregel ist möglich.

 Wenn die Kondition nachlässt
- Besonders auf den längeren Strecken kommst du an Tiefpunkte. Gib dich nicht auf! Auf den letzten Bahnen kann es schon wieder besser gehen.

 **Beobachte erfolgreiche, starke Schwimmer beim Entspannen und Konzentrieren vor dem Start. Versuche, sie nachzuahmen und finde heraus, was dir selbst angenehm ist. Übe diese Rituale und führe sie immer wieder aus.**

Übungen zur Entspannung

Zur Entspannung suchst du dir einen ruhigen Ort, wo dich keiner stört. Lege dich lang auf eine Matte oder wärmeren Fußboden. Schließe die Augen.

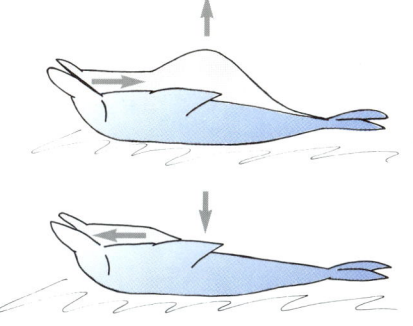

Das Wichtigste ist die richtige Atmung:

Tief in den Bauch einatmen, dabei wölbt sich der Bauch.

Ruhig und lang ausatmen, dabei senkt sich die Bauchdecke.

Bei den folgenden Übungen werden Muskeln und Sehnen gedehnt. Dabei verspürst du ein leichtes Ziehen. Das tut gut, darf aber nicht wehtun. Halte die Position so lange, wie es dir angenehm ist. Nicht nachfedern! Vergiss bei den folgenden Übungen die gute Bauchatmung nicht! Weitere Übungen findest du zum Beispiel in Yoga-Büchern.

Mach dich ganz klein, wie ein Päckchen.

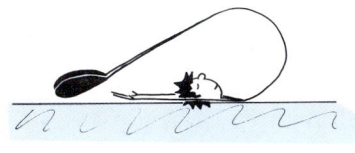

Gehe in Rückenlage und führe die Beine nach hinten.

Gehe in den Kniestand und mache einen Katzenbuckel.

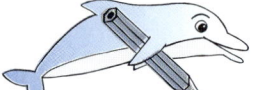

Wenn das Wasser bergauf geht

Wenn du das Gefühl hast, der Beckengrund kommt immer näher, das Wasser wird dicker, die Bahn wird länger oder die Beckenwand ist schief, dann handelt es sich um optische Täuschungen. Natürlich verändert sich deine Umgebung nicht. Aber durch die große Anstrengung und lange Strecken im Training und Wettkampf passiert es, dass du die Umwelt anders wahrnimmst.

Ist dir so etwas auch schon passiert? Stimmen sind merkwürdig laut oder scheinen ganz weit weg zu sein. Diese Täuschungen sind nicht so schlimm, du solltest jedoch darüber Bescheid wissen. Lass dich davon nicht irritieren. Es kann ja auch ganz lustig sein. Ein Schwimmer muss wissen, dass sich manchmal bei großer Anstrengung der eigene Körper anders anfühlt und die Bewegungen von der trainierten Technik abweichen. Du denkst, alles richtig zu machen, hast aber eine schlechte Technik.

Auch der beste Schwimmer verliert einmal

Wenn du verlierst, musst du dich fragen, ob deine Erwartungen für einen Sieg richtig waren. Bist du etwa gegen ältere Schwimmer angetreten, die schon viel länger trainieren? Dann ärgere dich nicht, sondern trainiere weiter. Wenn du gut bist, holst du sie irgendwann ein. Freue dich über persönliche Bestleistungen.

Bist du aber der Meinung, es hätte mehr drin sein müssen, dann denke über die Gründe und Ursachen nach.

Dabei hilft dir eine Übersicht, in der die Gründe für die Niederlagen aufgeschrieben werden.

Wann war ich mit dem Wettkampfergebnis unzufrieden?	Was waren die Gründe?	Was will ich in nächster Zeit tun?
2. Mai Kontrollwettkampf zum Wochenabschluss	Ich hatte einen schlechten Absprung und war zu spät beim Start.	Sprungkraft und Startablauf trainieren.
20. Mai Vereinsausscheidung	Ich hatte auf der letzten Bahn keine „Puste" mehr.	Im Training längere Strecken schwimmen und Jogging an Land.

Selbst gewählter Druck bildet psychische Stärke

Was denkst du, wenn du die Geschichte von Max liest? Kommt sie dir etwa bekannt vor?

> *Max hat sich auf den Wettkampf gefreut. Allen hat er erzählt, wie gut es im Training läuft und dass bald der große Wettkampf stattfindet. Am Abend zuvor packt Max die Tasche und hakt alles auf der Checkliste ab. Auch das Maskottchen hat er nicht vergessen! Nun noch zeitig ins Bett gehen und sich fit schlafen für den großen Tag! Am Morgen des Wettkampftags sieht alles noch sehr gut aus.*
>
> *Doch was ist dann plötzlich los? Nichts klappt mehr! Beim Start kam er als Letzter los, die Wende, die Max wie im Schlaf kann, ging irgendwie schief und die Kraft reichte nicht mehr. Es war zum Verzweifeln.*

Mit Max ist das passiert, was auch ganz erfolgreichen Schwimmern in wichtigen Wettbewerben passieren kann. Der Druck war einfach zu stark und er konnte seine eigentliche Leistung nicht bringen.

Das ist nicht schlimm, aber doch ärgerlich! Du solltest wissen, warum so eine Situation auftitt und was man dagegen unternehmen kann.

Druck hat etwas mit Erwartungen zu tun.

Das sind zum einen Erwartungen, die von außen kommen.

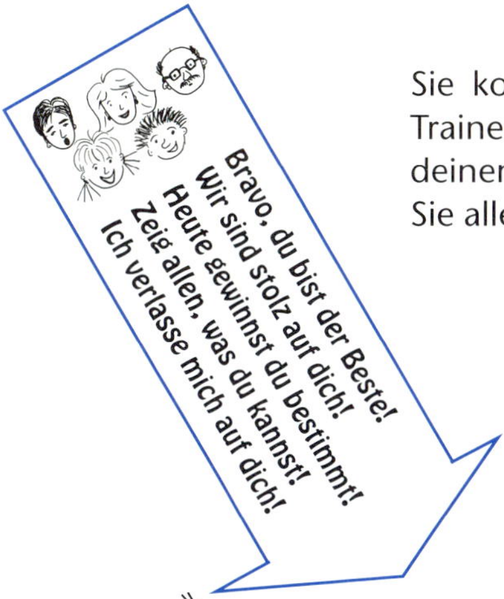

Bravo, du bist der Beste!
Wir sind stolz auf dich!
Heute gewinnst du bestimmt!
Zeig allen, was du kannst!
Ich verlasse mich auf dich!

Sie kommen von deinen Eltern, deinem Trainer, deinem Vereinsvorsitzenden und deinen Freunden.
Sie alle erwarten gute Leistungen von dir.

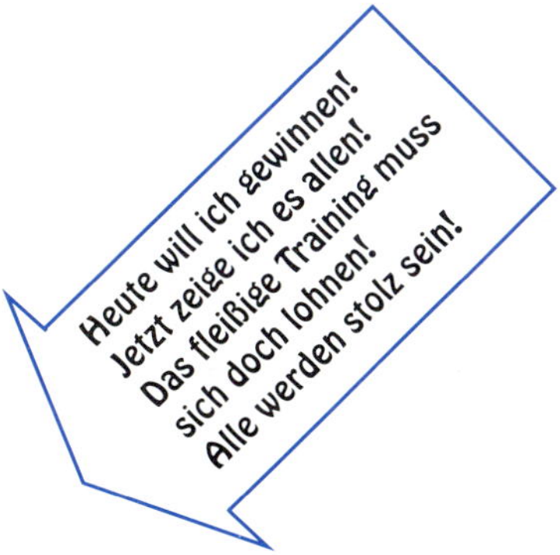

Heute will ich gewinnen!
Jetzt zeige ich es allen!
Das fleißige Training muss sich doch lohnen!
Alle werden stolz sein!

Und dann kommen noch die Erwartungen, die du an dich selbst hast. Du stellst dir eigene Ziele, die du erreichen willst.

Dieser Erwartungsdruck wird manchmal zu viel. Du bekommst Angst, dass du die hohen Erwartungen, die andere an dich stellen oder die du für dich selbst hast, nicht erfüllst. Und das ist stressig!

Einige Tipps, wie du mit Druck fertig wirst

 Bereite dich im Training gut auf den Wettkampf vor. Lege dir einen Plan zurecht, was du zum Wettkampf mitnehmen willst. Stelle dich auf die Anforderungen, die dich erwarten, richtig ein. Dann ist das, was kommt, keine Überraschung mehr. Ähnlich ist es bei der Vorbereitung auf eine Klassenarbeit in der Schule.

 Du hast dir den Druck selbst gewählt. Du steckst dir die Ziele und bestimmst, was du erreichen willst. Du könntest dir natürlich auch leichter erreichbare Ziele stellen und damit dem Druck ausweichen, indem du nur in deiner Lieblingsdisziplin antrittst oder ganz auf den Wettkampf verzichtest.

Stelle dir hohe, aber realistische Ziele. Etwas Druck muss sein. Das macht Spaß, spornt an und aktiviert.

 Lass alle Probleme, die nichts mit dem Schwimmen zu tun haben, draußen. Stell dir vor, wenn du im Wasser bist, kommen keine äußeren Probleme mehr an dich heran. Du konzentrierst dich nur noch auf die Strecke, die Technik und die Gegner.

 Druck formt den Charakter!

So, wie in der Natur Edelsteine unter Hitze und Druck entstehen, werden deine psychischen Fähigkeiten zur Wettkampffestigkeit nur ausgebildet, wenn du Drucksituationen bewältigst. Du wirst von Mal zu Mal belastbarer.

Wer schon in der Vorbereitung dem Druck ausweicht, wird ein „Weichling" und immer unter seinen Möglichkeiten bleiben. Wer sich selbst überwindet, stärkt seinen Charakter.

 **Charaktereigenschaften, die du im Schwimmtraining und im Wettkampf ausbildest, werden dir auch in anderen Lebensbereichen nützlich sein!**

Die erfolgreiche Schwimmerin Antje BUSCHSCHULTE beim Interview.
Ihr Gesichtsausdruck sagt alles ...!
*Was kannst du ablesen? Anstrengung, Enttäuschung, Konzentration,
Siegeswillen ...*

Teste deine psychischen Fähigkeiten

Wie würdest du in den folgenden Situationen reagieren?

1. Situation: Du hast keine Lust, zum Training zu gehen.

A. Du bleibst natürlich daheim, weil man sich ja zu nichts   **1**
zwingen sollte.

B. Du gehst ziemlich lustlos zur Trainingshalle, denn du willst ja   **2**
deine Eltern nicht enttäuschen.

C. Du gehst wie immer zum Training, weil du durch Trainingsausfall   **3**
wieder schlechter wirst. Vielleicht kommt die Lust ja, wenn du
im Wasser bist.

2. Situation: Der Trainer kritisiert wiederholt deinen Armzug.

A. Es ist schon ärgerlich, dass es immer noch nicht so klappt. Aber   **2**
jetzt wird erst einmal die Ausdauer trainiert.

B. Der soll nicht immer so kleinlich sein. Das ist doch kein Schön-   **1**
heitswettbewerb. Noch ein Wort und du gehst!

C. Gut, dass der Trainer immer zuschaut. So trainierst du dir gar   **3**
nicht erst die falsche Technik an.

3. Situation: Du hast es bis zum Endlauf geschafft. Nun stehst du auf dem Startblock, gleich kommt das Startsignal.

A. Du bist voll konzentriert, atmest ruhig und gehst in Start-   **3**
position.

B. Du denkst dir, heute schlage ich alle. Du schaust schon noch   **2**
mal, ob alle Verwandte da sind und winkst ihnen zu.

C. Du hast Angst, das Ganze zu „vermasseln". Der Fehlstart ist ja   **1**
schon vorprogrammiert und gegen die anderen hast du
sowieso keine Chance.

4. Situation: **Du bist diesmal nicht für die Staffel aufgestellt.**

A. Du denkst dir, Pech gehabt, da war ich vielleicht nicht gut genug.   **2**

B   Du bist sauer, weil du mindestens genauso gut bist wie die anderen. Hoffentlich gewinnt die gegnerische Staffel und sie merken, dass sie dich brauchen.   **1**

C. Du feuerst deine Staffel an und Ziel für dein künftiges Training ist, beim nächsten Mal wieder voll dabei zu sein.   **3**

5. Situation: **Dein größter Konkurrent hat dir auf der zweiten Bahn die Führung abgenommen.**

A. Das ist ja logisch, er ist ja auch größer und stärker als ich.   **1**

B. Du teilst dir die Kraft ein, wie du es im Training geübt hast. Im Training warst du die letzten Male besser, also hast du auch das Zeug, wieder vorbeizuziehen.   **3**

C. Du denkst, nun schau ich, dass die anderen mich nicht auch noch überholen. Hoffentlich reicht es wenigstens zum zweiten Platz.   **2**

6. Situation: **Du beobachtest in der Umkleidekabine, wie ein Schwimmer dem größten Favoriten heimlich die Schwimmbrille wegnimmt.**

A. Du sprichst ihn an und forderst, dass die Brille zurückgelegt wird. Ansonsten sagst du es dem Trainer.   **3**

B. Du wartest erst einmal ab. Es ist nicht dein Problem, man muss sich nicht in alles einmischen.   **2**

C. Super Idee! Die Schwimmbrille ist für ihn wie ein Talisman. Dass sie weg ist, wird ihn ganz schön nervös machen und du hast dadurch mehr Chancen.   **1**

Zähle deine Punkte zusammen! Die Auswertung findest du im Lösungsteil.

Trage in die Zeilen erfolgreiche deutsche Sportler von gestern und heute ein. Das Lösungswort in der blauen Spalte ist der Spitzname von ...

R		A			M			T		S			
	T		V		H			K					
		N		J			U		C		S		H			E
F				Z			K		A			M		I		K
				R				I		O			O
	I		A				O		S
H			A			T			B				R
	T		O				U		R		T

......6 KONDITION

> Max geht zum Arzt, weil er denkt, mit seinem Körper ist etwas nicht in Ordnung. „Ich weiß auch nicht, was mit mir los ist. Ich wollte wie die anderen die 1.000 m schwimmen und war danach total erschöpft. Mir war schwindelig und fast schwarz vor Augen, die Schulter war fest und die Arme und Beine schmerzten."
>
> „Da hast du bestimmt nicht ausreichend trainiert!"
>
> „Doch! Dreimal in der Woche gehe ich ins Schwimmbecken und übe die Bewegungen. Die Schwimmarten, Wenden und Starts klappen perfekt. Das sagt auch mein Trainer."

Was wird der Arzt Max wohl sagen? Klar, er hat das Konditionstraining vergessen! So hat er keine Ausdauer, keine Kraft und die Gelenke sind ganz unbeweglich. Sein Körper ist überhaupt nicht an das Schwimmen langer oder längerer Strecken gewöhnt.

„Stell dir vor,
ich bin 10 km geschwommen!"
„Super! Heute?"
„Nein, im ganzen Jahr!"

Was man unter Kondition versteht

Mit dem Begriff *Kondition* bezeichnet man vor allem die körperlichen Fähigkeiten. Die Kondition macht Aussagen darüber, wie fit du bist, welche Ausdauer du hast oder welche Belastung du verträgst. Ob deine Kondition gut ist oder nicht, merkst du daran, wie schnell du nach einem kurzen Lauf außer Puste bist, wie lange du eine sportliche Belastung durchhältst, ohne dass die Beine schmerzen oder wie schnell du ermüdest.

Gute Kondition kannst du neben dem Schwimmen bei der Ausübung verschiedener Sportarten, so auch beim Schulsport, erwerben.

Die konditionellen Fähigkeiten

Man kann die konditionellen Fähigkeiten, die der Schwimmer benötigt, um rundherum in einem guten Zustand zu sein, aufgliedern. Wir nennen sie die **Ausdauer**, die **Schnelligkeit** und die **Kraft**. Diese wollen wir jetzt ein wenig genauer erläutern.

Ausdauer

Ausdauer ist die Leistungsvoraussetzung, die man benötigt, um lang andauernde Belastungen zu bewältigen, ohne schnell zu ermüden. Wer eine gute Ausdauer hat, hält über lange Zeit körperliche Belastungen durch, ist körperlich fit, erholt sich nach Training und Wettkampf schneller und kann sich länger konzentrieren.

Schwimmen zählt zu den Ausdauersportarten, deshalb spielt das Ausdauertraining im Schwimmen eine sehr wichtige Rolle. Du brauchst eine bestmögliche Ausdauer vor allem auf längeren Strecken und bei größeren Wettkämpfen, die über mehrere Läufe gehen.

Außerhalb der Schwimmhalle kannst du deine Ausdauer vor allem durch Dauerläufe ausbilden. Du solltest mindestens 15 Minuten und das zwei- bis dreimal in der Woche ununterbrochen, gleichmäßig oder mit wechselndem Tempo laufen. Auch Rad fahren, Seilspringen, Inlineskaten, Ballspiele oder Wintersport eignen sich hervorragend.

Willst du in einem offenen Gewässer die Ausdauer trainieren (Badesee oder Meer), dann beachte die Sicherheitsvorschriften und schwimme immer parallel zum Ufer.

Finde waagerecht, senkrecht, vorwärts und rückwärts Sportarten, die Ausdauer erfordern und mit denen du neben dem Schwimmen deine Grundlagenausdauer trainieren kannst.

E	I	S	S	C	H	N	E	L	L	L	A	U	F	E	D
S	G	D	H	A	F	U	ß	B	A	L	L	E	R	I	G
A	E	E	R	P	Ä	Z	U	H	T	E	N	N	I	S	A
Q	H	D	V	Y	E	W	G	U	V	B	Q	W	D	K	O
S	E	H	I	P	W	U	Z	E	T	R	O	M	Ü	U	L
X	N	U	T	R	V	E	Q	N	W	D	G	A	J	N	V
C	T	R	O	P	S	D	A	R	U	D	E	R	N	S	S
A	H	I	O	P	R	E	S	A	F	G	Z	A	V	T	A
A	B	F	A	H	R	T	S	L	A	U	F	T	L	L	F
N	D	F	U	H	B	E	R	T	K	I	Ä	H	K	A	X
A	S	E	R	I	O	Ü	L	J	A	G	D	O	W	U	O
Q	G	N	I	T	A	K	S	E	N	I	L	N	I	F	Ä
S	K	I	L	A	N	G	L	A	U	F	C	L	Ü	K	J
F	U	A	L	N	E	K	C	E	R	T	S	G	N	A	L

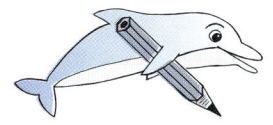

Weißt du eigentlich, wie viele Stunden und Kilometer du an einem Trainingstag, in einer Woche, im Monat oder sogar im Jahr schwimmst? Notiere es dir doch einfach mal! Du wirst staunen!

Schnelligkeit

Schnelligkeit ist die Fähigkeit, die du brauchst, um eine Bewegung mit bestmöglicher Beschleunigung und Geschwindigkeit auszuführen. Das ist die **Bewegungsschnelligkeit**. Und du benötigst sie, um auf ein Signal schnellstmöglich zu reagieren. Das ist die **Reaktionsschnelligkeit**. Der Schwimmer braucht die Bewegungsschnelligkeit für die Arm- und Beinbewegungen in den einzelnen Schwimmarten und für die Wenden. Er benötigt die Reaktionsschnelligkeit beim Start.

 **Kennst du die Technik einer Bewegung und kannst du sie ausführen, dann beginne sofort, sie schnell auszuführen. Wiederhole die Übung lieber wenige Male, dafür aber mit vollem Einsatz und explosiv. Wenn du beim Üben die Wende oder den Startsprung immer nur ruhig und langsam ausführst, dann wird es dir im Wettkampf auch nicht schnell gelingen.**

Kraft

Kraft wird benötigt, wenn etwas Schweres bewegt werden soll. So zum Beispiel durch Heben, Stoßen, Ziehen oder Schieben von Gewichten, auch deines eigenen Körpers.

Beim Schwimmen brauchst du Kraft in den Beinen, den Armen und im Rumpf für den kräftigen Durchzug und Abdruck gegen das Wasser. Du brauchst auch Kraft beim Startsprung und beim Abstoß nach der Wende.

Die Kraft kannst du gut beim Schwimmen trainieren. Manche Schwimmer tragen doppelte Schwimmkleidung oder verwenden einen Widerstandsgürtel im Training. Doch auch an Land hast du viele Trainingsmöglichkeiten mit Gewichten, Bändern oder deinem eigenen Körpergewicht.

Für einfache Kraftübungen brauchst du eigentlich gar keine Hilfsmittel. Das Gewicht deines Körpers ist schon ausreichend für Übungen wie: Liegestütze, Situps, Kniebeugen oder Sprünge aus der Hocke. Weitere Übungen, auch mit Hilfsmitteln, findest du im Buch.

Übungen mit dem Gummiband

Um die Kraft zu trainieren, hat sich bei vielen Schwimmern dieses recht einfache, aber vielfältig einsetzbare Sportgerät bewährt. Das ca. 120 cm lange und 15 cm breite Gummiband ist nicht teuer und nimmt wenig Platz weg. Es passt auch in jede Tasche, wenn du verreist. Das Band gibt es bei verschiedenen Herstellern unter unterschiedlichen Produktnamen.

Hier sind einige Übungen, die für dich als Schwimmer besonders von Bedeutung sind. Vergiss das Erwärmen nicht!

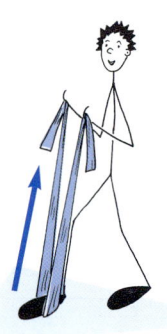

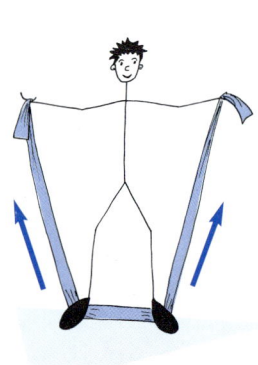

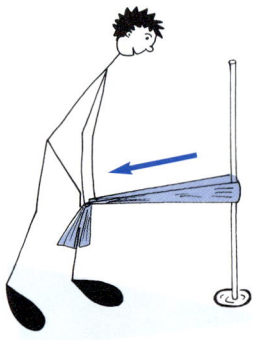

Schlinge das Band um einen festen Stab oder Haken, beuge dich nach vorn und führe (vorwärts oder rückwärts) die Armbewegung der Schwimmarten aus. Versuche es nun mit den Beinen.

Dir fallen gewiss noch mehr Übungen ein.

Achte darauf, dass du nicht einseitig trainierst, sondern einen ausgewogenen Trainingsplan hast. Besprich es mit deinem Trainer.

Ein Schwimmer hat einen schönen, muskulösen Körper, aber er ist kein Bodybuilder. Zu „dicke" Muskeln bilden einen zu großen Wasserwiderstand.

Auf der Zeichnung erkennst du die Hauptmuskulatur des Schwimmers.

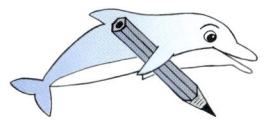

Viele erfolgreiche Schwimmer trainieren außerhalb des festen Trainings zu Hause ihre Kondition. Trage deine zusätzlichen Übungen hier ein! Kreuze die Häufigkeit an! Der Trainer gibt dir bestimmt auch Hausaufgaben.

	Selten	*1x pro Woche*	*Täglich*
Kraft			
Ausdauer			
Schnelligkeit			

Das Zusammenwirken aller konditioneller Fähigkeiten

Wie du dir denken kannst, kann man die einzelnen Fähigkeiten nicht unabhängig voneinander nutzen und trainieren.

Schnellkraft

Willst du eine schnelle Wende ausführen, brauchst du nicht nur Schnelligkeit, sondern auch Kraft zum Abstoßen. Das gilt auch für den Start.

Schnelligkeitsausdauer

Die Verbindung von Schnelligkeit und Ausdauer ermöglicht es dir auch, auf einer etwas längeren Strecke (z. B. 50 m), eine hohe Schwimmgeschwindigkeit zu erreichen.

Kraftausdauer

Bei jedem Armzug und jedem Beinzug benötigst du Kraft. Auf einer bestimmten Schwimmstrecke werden viele Arm- und Beinzüge ausgeführt und die Kraft dafür darf nicht nachlassen.

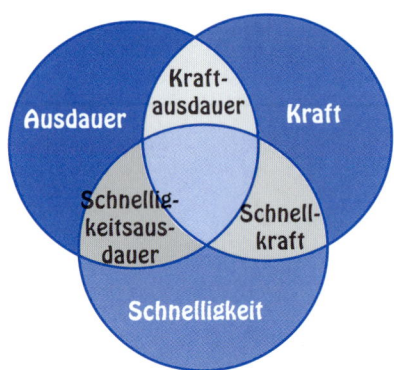

Die Kreise verdeutlichen dir das Zusammenspiel der Fähigkeiten.

Trainingsmethoden

Im Schwimmbecken trainieren die Schwimmer nach verschiedenen Methoden. Dein Trainer legt diese im Trainingsplan fest und bespricht sie mit den Sportlern.

Die Intervallmethode

Diese wird genutzt, um die Ausdauer zu trainieren. Hierbei werden kurze und mittlere Strecken mehrmals hintereinander geschwommen. In den knappen Pausen von etwa einer halben bis einer Minute erholt sich der Schwimmer ein wenig, aber noch nicht vollständig. Der Trainer kann dabei einige Korrekturen zur Technik geben.

Je nach Vorgabe und Trainingsziel werden die Teilstrecken mit niedrigerer oder mit höherer Geschwindigkeit geschwommen. Die Schwimm-geschwindigkeit liegt etwa bei 80-90 % der aktuellen Bestzeit.

 **Nach jeder Teilstrecke liegt der Puls bei etwa 160 Schlägen pro Minute. In der Pause sinkt er auf etwa 120 Schläge pro Minute.**

So könnten Trainingsstrecken aussehen:
- 4 x 200 m Brust, 30-45 Sekunden Pause, 85 % Intensität
- 8 x 100 m Rückenkraul, 30-45 Sekunden Pause, 85 % Intensität
- 2 x 4 x 50 m Kraul, 30-45 Sekunden Pause, etwa zwei Minuten Serienpause, 80 % Intensität

Die Dauermethode

Auch diese Methode dient dem Ausdauertraining. Wie der Name schon sagt, werden längere Strecken ohne Pause geschwommen. Achte während des Schwimmens immer wieder auf eine stabile Technik.

Der Trainer hat nun nicht mehr die Möglichkeit, in den Pausen die Technikfehler zu korrigieren. Das ist nur noch mit Zeichensprache möglich. Das Ziel während des Dauerschwimmens besteht darin, die Strecke mit gleich bleibender Geschwindigkeit in guter Technik zu absolvieren. Dabei solltest du deine bisherige Trainingsleistung anstreben. Der Puls liegt wieder bei etwa 160 Schlägen pro Minute.

Während des Dauerschwimmens kann auch die Geschwindigkeit gewechselt werden. Zum Beispiel folgen auf 50 m mit höherer 50 m mit niedrigerer Geschwindigkeit.

So könnten Trainingselemente aussehen:
- 30 Minuten Dauerschwimmen
- 1.000 m Dauerschwimmen

Die Wiederholungsmethode

Mit dieser Methode wird die Schnelligkeit trainiert. Hierbei versucht der Schwimmer, auf sehr kurzen Strecken die höchstmögliche Geschwindigkeit zu erreichen. Man nennt diese die *maximale Schwimmschnelligkeit*. Zwischen den kurzen Strecken gibt es eine etwas längere Pause von etwa zwei Minuten, in der sich der Schwimmer erholt und einige Lockerungsübungen machen kann.

So könnten Trainingsstrecken aussehen:
- 4 x 12,5 m Kraul, zwei Minuten Pause, maximale Intensität
- 3 x 15 m Kraul, zwei Minuten Pause, maximale Intensität

Achte über die gesamte Strecke auf eine gute und stabile Technik! Trainiere keine Fehler!

Beweglichkeit

Um die Arm- und Beinbewegungen bestmöglich auszuführen, braucht der Schwimmer eine gute Beweglichkeit. Natürlich sind keine akrobatischen Übungen notwendig, aber in den Schultern, dem Oberkörper und den Füßen brauchst du schon ein gewisses Maß an Beweglichkeit. Einiges ist dir angeboren, aber vieles lässt sich trainieren.

 Bevor du deine Beweglichkeit vorführst oder mit den Übungen beginnst, vergiss das Aufwärmen nicht. Kalte Muskeln und Sehnen sind bei so großer Dehnung verletzungsgefährdet.

(Nachmachen auf eigene Gefahr! Die Lösung des Knotens steht nicht auf der Auflösungsseite! Die Autoren.)

Für das Landtraining gibt es vielfältige Beweglichkeits-übungen dazu.

Bist du gut erwärmt, dann probiere folgende Übungen aus. Aber Vorsicht, nicht ruckhaft ausführen!

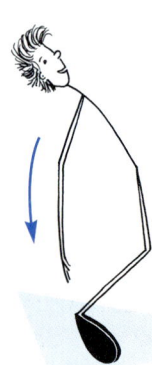

Stelle dich gerade hin, beuge dich nach hinten und versuche, die Fersen zu berühren.
Nicht hocken!

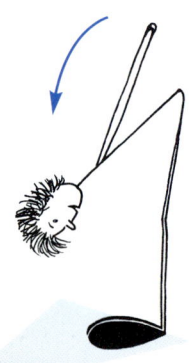

Fasse die Hände mit gestreckten Armen auf dem Rücken. Nun führe sie zum Kopf.

Lege dich auf den Rücken und führe die Beine bis hinter den Kopf.

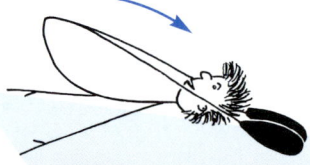

Diese Übung nennt man „Aussschultern". Halte einen Stab, ein Handtuch o. Ä. mit beiden Händen vor den Körper. Je geringer der Abstand zwischen den Händen ist, desto schwieriger. Nun werden die Arme nach oben geführt, über den Kopf bis zum Po.

Trainingskontrolle

Schwimmer, die mit anderen gemeinsam trainieren, vergleichen auch ihre Ergebnisse miteinander. Wer hier der Beste ist, hängt selbstverständlich vom regelmäßigen Training ab, aber beachte, dass auch andere Faktoren das Ergebnis beeinflussen. So ist meistens der ältere Schwimmer, der schon länger trainiert, im Vorteil gegenüber dem Jüngeren. Auch ist ein „Langer" in einigen Bereichen dem „Kürzeren" gegenüber im Vorteil. Das sagt meistens nichts darüber aus, wie fleißig du trainiert hast. Außerdem gibt es, wie in jeder Sportart, auch im Schwimmen Talente! Deshalb ist es von großer Bedeutung, die eigene Entwicklung zu verfolgen. Das ist deine persönliche Kontrolle, ob du gut trainiert hast.

Kontrollübungen

Trainer und Sportwissenschaftler haben jede Menge Kontrollübungen entwickelt, mit denen sie den aktuellen Zustand ihrer Kinder überprüfen können. Vielleicht habt ihr schon solche Tests absolviert.

Aber auch daheim, mithilfe von Eltern, Geschwistern, Freunden oder allein kannst du ab und zu deine eigenen Leistungen kontrollieren. Das macht Spaß, weil bei gutem Training jedes Mal bessere Ergebnisse herauskommen. (Meistens!)

Kontrollübungen eignen sich auch gut als Trainingsübung.

„Papa, da steht ein Mann draußen!"
„Was will er denn?"
„Er sammelt für das neue Schwimmbad."
„Gut, gib ihm zwei Eimer Wasser."

Liegestützbeugen (Kraft)

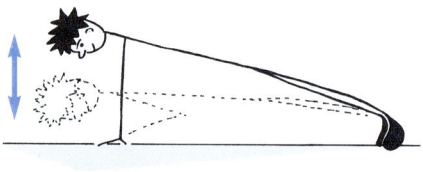

Die Hände sind schulterbreit auseinander und der Körper ist gestreckt. Lege unter das Gesicht ein dünneres Kissen oder eine Matte.

Die Liegestütze werden ohne Pausen ausgeführt, wobei das Kinn immer das Kissen berühren soll.

Rumpfheben aus der Rückenlage (Kraft)

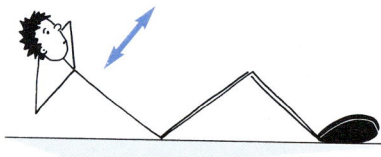

Du liegst auf dem Rücken, die Arme sind im Nacken und die Beine sind ca. 90° gebeugt. Der Körper wird ohne Pausen zur Senkrechten aufgerichtet und wieder gesenkt.

Rumpfheben aus der Bauchlage (Kraft)

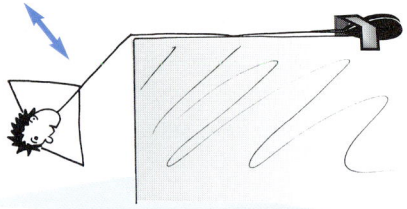

Du legst dich bäuchlings auf eine Liege, Kasten o. Ä., die Arme sind im Nacken und der Körper nach unten gebeugt. Nun hebe ohne Ruhepausen deinen Körper bis zur Waagerechten und senke ihn wieder ab.

Schlussweitsprung (Schnellkraft)

Stelle dich an eine Markierung, gehe in die leichte Kniebeuge, hole mit den Armen Schwung und springe beidbeinig aus dem Stand ab. Gemessen wird von der Startmarkierung bis zu den Fersen des hinteren Fußes bei der Landung.

Strecksprung (Schnellkraft)

Stelle dich auf den ganzen Fußsohlen an eine Wand oder einen Pfahl. Strecke den Arm, so hoch du kannst und markiere diese *Reichhöhe* mit Klebestreifen oder Kreide. Jetzt springst du mit beiden Beinen so kräftig vertikal nach oben ab, wie du kannst (maximale Höhe).

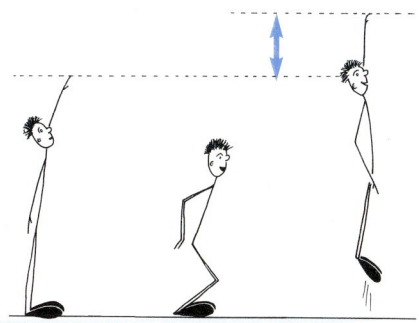

Markiere die *Sprunghöhe* an der höchsten Stelle, die du mit der Hand erreichst. (Wenn du allein übst, dann nimm ein Stück Kreide in die Hand o. Ä. und markiere beim Sprung. Vorsicht mit der guten Tapete im Wohnzimmer oder mit der weißen Mauer beim Nachbarn!) Die Differenz zwischen Reichhöhe und Sprunghöhe ist die *Sprungleistung*.

Sprint (Schnelligkeit)

Hierfür brauchst du einen Helfer, der deine Sprintzeit stoppen kann. Markiere auf einem Weg oder einer ruhigen Straße eine Strecke von ca. 30-100 m. (Achte darauf, dass du diese Markierung immer wieder findest!) Der „Stopper" gibt das Startkommando.

1.000-m-Lauf (Ausdauer)

Die Strecke von 1.000 m kannst du mit dem Kilometerzähler am Fahrrad oder Auto abmessen. Es reicht aber auch, die Strecke zu schätzen. Sie kann natürlich auch länger sein. Wichtig für die Leistungskontrolle ist, dass du immer die gleiche Strecke läufst.

Da du älter wirst und wächst, werden deine Ergebnisse auch ohne Training automatisch etwas besser. Mit Training allerdings erheblich besser!

Schulterbeweglichkeit

Lege dich auf den Bauch. Das Kinn berührt den Boden, die Arme sind nach vorn gestreckt und halten einen Stab in Schulterbreite. Nun hebe den Stab, ohne die Handgelenke oder Ellbogen zu beugen. Das Kinn bleibt am Boden. Gemessen wird der Abstand vom Boden zum Stab.

Ausschultern (Beweglichkeit)

Es wird ausgeschultert, wie wir es schon beschrieben haben. Du fasst den Stab so eng, wie es dir möglich ist. Gemessen wird der Handabstand nach dem Ausschultern.

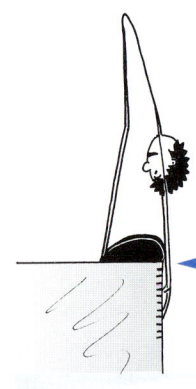

Rumpfbeweglichkeit

Stelle dich auf einen Kasten, Treppenstufe o. Ä. Nun beuge dich bei durchgedrückten Knien langsam nach unten. Gemessen wird, wie weit die Fingerspitzen ab der Kante nach unten reichen.

(Bei den Werten zählt die Kante als 100 cm. So sind z. B. 3 cm nach unten 103 cm.)

Fußbeweglichkeit

Setze dich auf den Boden.

Ziehe die Zehen an. Es soll ein Winkel von 90° erreicht werden. Das kannst du mit einem rechtwinkligen Dreieck messen.

Strecke das Fußgelenk. Es wird der Abstand zwischen dem großem Zeh und dem Fußboden gemessen.

In dieser Tabelle findest du Vorgaben für die einzelnen Altersklassen. Schreibe mit Bleistift dein aktuelles Ergebnis dahinter. Wie stehst du?

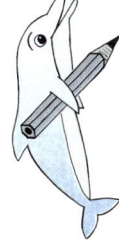

	AK 8			AK 9			AK 10			AK 11		
	☼	🐬	du	☼	🐬	du	☼	🐬	du	☼	🐬	du
Liegestütze	20	18		22	19		23	21		25	23	
Rumpfheben Rückenlage	12	12		15	15		18	18		20	20	
Rumpfheben Bauchlage	25	26		26	27		27	28		28	28	
Strecksprung in cm	26	25		27	27		29	28		30	30	
Sprint (30 m) s	5,7	5,8		5,6	5,6		5,4	5,5		5,3	5,3	
Ausdauerlauf 1.000 m in min	4:53	5:09		4:42	5:00		4:35	4:50		—	—	
Ausdauerlauf 2.000 m in min	—	—		—	—		—	—		9:03	9:37	
Ausschultern in cm	55	50		56	49		56	51		56	52	
Rumpfbeweglichkeit in cm	103	107		103	107		103	108		104	108	
Fußbeweglichkeit in cm	7	6		7	6		7	6		8	7	

Darstellung der persönlichen Leistungen

Die Ergebnisse der Kontrollübungen lassen sich wie auch alle anderen Trainings- und Wettkampfergebnisse in einem Diagramm darstellen. Sicher kennst du die Art der Darstellung schon aus dem Mathematik- oder Physikunterricht. Kommst du nicht gleich am Anfang klar, dann lass dir helfen.

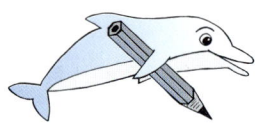

Nimm ein kariertes Heft (noch besser wäre Millimeterpapier) und zeichne Diagramme. Die Einteilung der x-Achse für die Zeit kann auch Wochen oder Monate sein. Die Einteilung der y-Achse ist, abhängig von der Disziplin, die du eintragen willst, z. B. Sekunden, Wiederholungen oder Zentimeter.

Hier ein Beispiel:

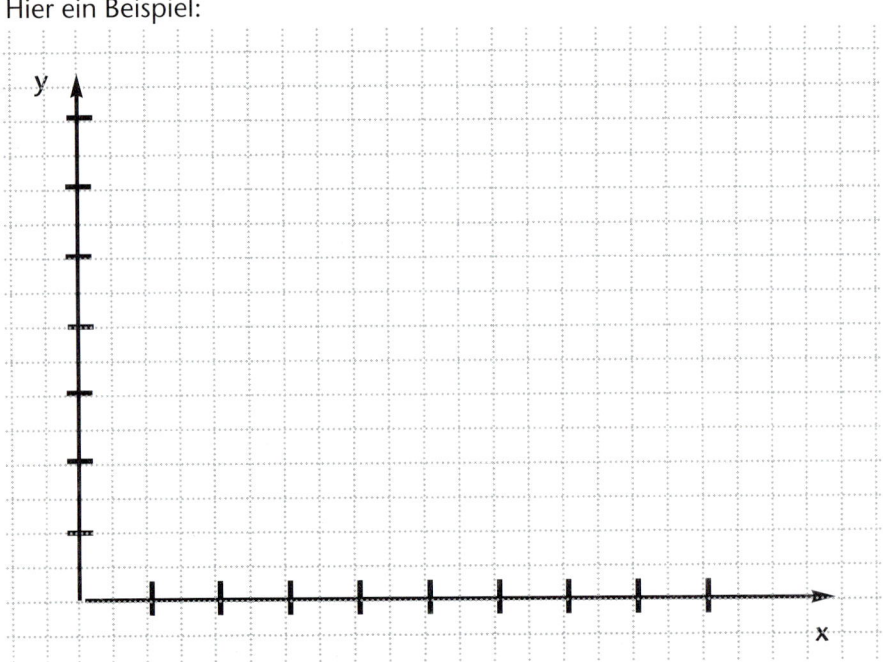

E – D – K – D – L
(Erwärmen – Dehnen – Kräftigen – Dehnen – Lockern)

Gleichgültig, ob du mit dem Training beginnst, Übungen daheim ausführen willst oder ein Wettkampf stattfindet – diese Regel gilt immer! Es ist wichtig, dass du deinen Körper auf die bevorstehende Belastung einstellst. Nach einem Schultag oder einem erholsamen Schlaf sind deine Muskeln noch relativ kalt und steif, auch deine Atmung und dein Puls sind noch auf „Normalbetrieb". Langsam wird alles auf das Training und den Wettkampf vorbereitet.

Bei den Übungen werden aber nicht nur deine Muskeln erwärmt und dein ganzer Körper in Schwung gebracht, sondern auch dein Kopf stellt sich auf die bevorstehende Belastung ein. Während der Übungen schüttelst du alle Sorgen und Probleme ab. Du wirst frei und aufnahmebereit für das, was kommt.

Erwärmen

Wie es das Wort schon sagt – man macht sich warm! Durch schnellere und vielfältige Übungen werden deine Muskeln besser durchblutet und leistungsbereiter gemacht. Ein Zeichen dafür ist Lockerheit, Beweglichkeit, eine leichte Rötung der Haut und Schweißbildung. So wird Verletzungen, wie zum Beispiel einer Zerrung, vorgebeugt.

Mit der Erwärmung fangen alle Trainingsstunden an. Das gilt auch für Übungen Zuhause, vor einem Wettkampf oder wenn du zu spät zum Training kommst.

Einige Runden laufen, Seilspringen oder eine lockere Bahn schwimmen kannst du auch allein.

Muskeldehnung

Die Beweglichkeit wird vor allem durch Muskeldehnung verbessert. Es kann nicht nur ein einzelner Muskel gekräftigt werden, sondern wir müssen immer den Antagonisten, den „Gegenspieler", beachten.

Auf der Abbildung siehst du den „Muskelmann" mit gebeugtem Arm. Für die Beugung ist der Beuger, der **Bizeps**, zuständig. Das ist der Muskel, der angespannt wird, wenn du jemandem deine „Muckies" zeigen willst. Für die Streckung des Arms ist der Strecker, der **Trizeps**, zuständig.

Spüre deine Muskeln! Probiere folgende Übung aus:

Drückst du mit der Hand auf eine Tischplatte, ist der Trizeps hart, weil er den Arm im Ellbogen strecken will. Der Bizeps ist weich, weil er locker lässt und nachgibt. Drückst du von unten gegen die Tischplatte, ist der Bizeps hart und der Trizeps ist weich. So muss es sein.

Probiere es nun mit anderen „Gegenspielern" an anderen Gelenken wie Knie, Hüfte oder an der Wirbelsäule mit Bauch- und Rückenmuskulatur.

Beim Dehnen wird dann die Muskelgruppe sehr stark gestreckt, die gerade gearbeitet hat.

Hier sind einige Übungen zur Dehnung. Kannst du deine Muskeln spüren? Viel Spaß!

Dehnung der Gesäßmuskulatur

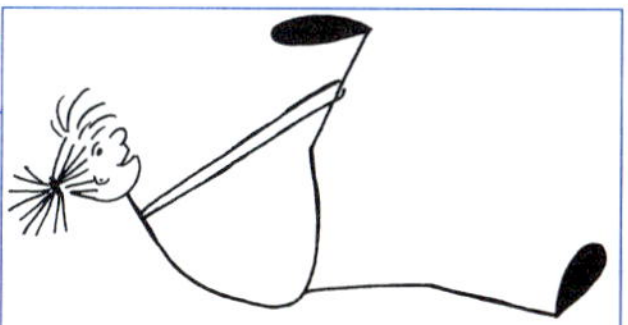

Dehnung des vorderen Oberschenkels

Dehnung des inneren Oberschenkels

Dehnung des hinteren Oberschenkels

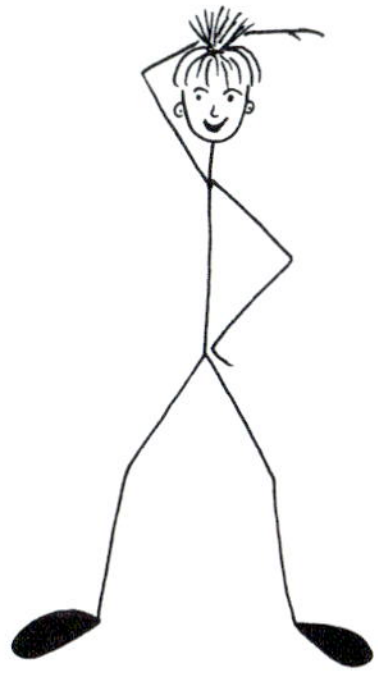

Dehnung des Kniebeugers

Dehnung der seitlichen Rumpfmuskulatur

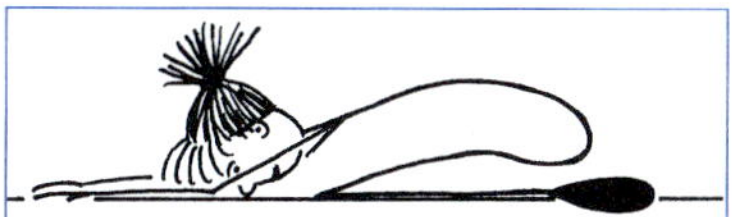

Dehnung des unteren Rückens

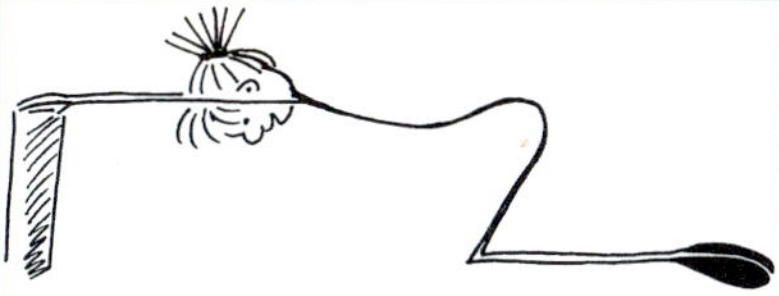

Dehnung der Brustmuskulatur

Zähle bei jeder Dehnung bis 20, lockere die Muskeln und wiederhole die Dehnung noch einmal. Nicht nachfedern! Die Übungen sollen die Muskeln dehnen – es darf nicht schmerzen!

Lockerung

Obwohl du dich ausreichend erwärmt und gedehnt hast, sind die Muskeln nach einem anstrengenden Training oft hart und verspannt. Nun ist es nach der abschließenden Dehnung notwendig, sie zu lockern. Meistens macht man solche Übungen schon automatisch. Du schüttelst Arme, Beine, Hände aus und bewegst die Gelenke leicht in alle Richtungen. Auch leichtes Laufen oder Springen dient der Lockerung.

Für die Erwärmung sind alle Bewegungen gut, die dich in Schwung bringen:
Hockey, Laufen, leichte Sprünge, Aerobic, Ballspiele, Staffelwettbewerbe oder lockeres Einschwimmen.

7 TECHNIK

Hast du schon einmal versucht, mit fünf Keulen oder Bällen zu jonglieren? Einige Artisten verwenden brennende Fackeln oder scharfe Messer, sie balancieren damit und fahren Rad dabei. Das schafften auch die tollsten Artisten sicher nicht, als sie noch in der Babywiege lagen. Bei den ersten Versuchen sind alle Gegenstände durcheinander gepurzelt und heruntergefallen. Für solche Fertigkeiten muss man lange und intensiv trainieren, bis man sie perfekt beherrscht.

Genauso muss ein guter Schwimmer die Schwimmtechnik beherrschen. Er soll sich im Wettkampf auf den blitzschnellen Start, die Wenden ohne Zeitverzögerung und die Krafteinteilung beim Schwimmen konzentrieren können. Im Wettkampf bleibt keine Zeit, erst lange zu überlegen, wie denn die einzelne Bewegung ausgeführt wird.

Stell dir vor, du müsstest dich immer an jeden einzelnen Bewegungsablauf erinnern! Zum Beispiel so:

„Blick zur Wand – kräftig abspringen – Arme nach hinten – Körper
strecken – Hüfte hoch – zuerst mit den Händen eintauchen – gleiten
– zuerst die Beine bewegen ...!"

Auf vielfältige Art wirst du im Training die Techniken und die Bewe-
gungsabläufe immer wieder üben. So lange, bis du nicht mehr an jeden
einzelnen Schritt denken musst.

 **Man sagt:**
Die Bewegungen müssen automatisiert ablaufen!

Technik im Schwimmen

Unter Technik im Schwimmen verstehen wir alle diejenigen speziellen
Bewegungen, die im Schwimmen verwendet werden und den Regeln
entsprechen. Dazu gehörten die Ausführung der Schwimmarten, der
Wenden und der Starts. Die Arm- und Beinbewegungen müssen aufei-
nander abgestimmt und die Teilbewegungen gut verbunden werden.

Es geht hierbei aber nicht nur ums „Über-Wasser-bleiben". Als Sport-
schwimmer willst du schnell sein, schneller als die anderen. Dein Trainer
wird dir den besten Armwinkel zeigen, wie die Hand angestellt wird
und wie der richtige Beinschlag ist. Er wird dir alle technischen Feinhei-
ten und Kniffe erklären, die dich noch schneller machen. Liegst du zu
tief im Wasser, ist der Wasserwiderstand zu groß. Bei einer verkanteten
Hand ist der Abdruck im Wasser zu gering und atmest du zum falschen
Zeitpunkt, geht dir bald die Luft aus.

Natürlich klappt das alles nicht auf einmal perfekt. In vielen Trainingsstunden wirst du nach und nach alles lernen. Achte immer darauf, dass

du die Bewegungen sauber ausführst. Bei längeren Strecken lässt die Kraft und die Konzentration nach und die Bewegungen werden lascher. Dann mach lieber eine Pause oder wechsle beim Ausdauertraining in eine andere Schwimmart, damit du dir nichts Falsches antrainierst.

Technik geht vor Strecke!

Das Erlernen der Techniken

Wenn du eine neue Technik erlernst, erfolgt ihre Einführung immer mit einer Erklärung durch den Trainer. Er erläutert dir den Bewegungsablauf, sagt, worauf du besonders achten und welche Fehler du vermeiden musst.

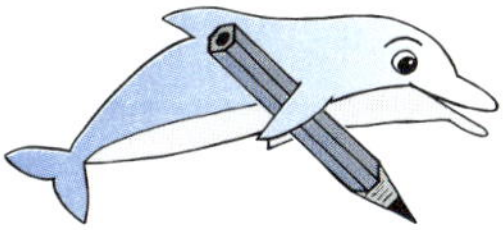

Kommt dir der aufgeregte Trainer am Beckenrand bekannt vor?

Schreibe in die leeren Sprechblase, was er dir immer zuruft.

Körper lang machen!

Arme höher! Nicht hängen lassen!

Finger zusammen!

Zehen strecken!

Lernen Stück für Stück

Die *Gesamtbewegungen* für die Schwimmarten, die Wenden und die Starts sind ziemlich umfangreich und kompliziert. Deshalb übst du immer erst *Teilbewegungen*. Nur wenn ein Schritt klappt, kannst du mit dem nächsten beginnen. Dein Ziel ist, am Ende den gesamten Bewegungsablauf richtig und schnell auszuführen.

Die Lernschritte könnten so aussehen:

Bei den Schwimmarten
- Beinbewegung (z. B. Schwimmbrett an den Händen)
- Armbewegung (z. B. Pull-Buoy an den Beinen)
- Teilweise Gesamtbewegung (z. B. eine Hand am Brett)
- Gesamtbewegung

Bei den Wenden
- Anschwimmen mit Anschlag
- Anschlag mit Drehung
- Drehung mit Abstoß
- Abstoß und Gleiten
- Übergang zur Schwimmbewegung

Beim Startsprung:
- Ausgangsstellung
- Absprung mit Flug und Eintauchen
- Gleiten
- Übergang zur Schwimmbewegung

Bei den Wenden und Starts werden die Teilbewegungen je nach Trainingsziel kombiniert. Eine feste Reihenfolge gibt es nicht.

- **Einige Bewegungen ohne Atmung ausführen, dann mit Atmung.**
- **Von kürzeren zu längeren Strecken.**
- **Vom Einfachen zum Schwierigen.**

Wie die Technik der Schwimmarten geübt werden kann

Übungen an Land
Diese sind am Anfang ganz sinnvoll, weil du den Bewegungsablauf gut sehen kannst. Du solltest dich aber nicht zu lange damit aufhalten. Schwimmen lernt man durch Schwimmen.

Übungen im flachen Wasser
Wenn du im flachen Wasser übst, kannst du häufiger Pausen machen. Der Bewegungsablauf der Arme lässt sich hier auch zuerst im Stehen oder durch ständiges Abstoßen vom Boden üben.

Üben mit Festhalten
Du kannst dich mit Armen oder Beinen an der Treppe, der Überlaufrinne, der Leiter oder Absperrleine festhalten. Gut lernen kannst du auch, wenn dich ein Partner hält.

Üben mit Hilfsmitteln
Damit die Teilbewegungen in Ruhe und ohne Angst geübt werden können, gibt es zahlreiche Hilfsmittel. Damit erhalten die Arme bzw. die Beine Auftrieb.

Durchhalten bringt Erfolg

Nach den Erklärungen des Trainers geht's ans Üben. Natürlich macht es viel Spaß, eine neue Technik zu erlernen und auszuprobieren. Die Bewegungen sind am Anfang meist sehr langsam und ungenau, doch du merkst schnell die Fortschritte. Deine Bewegungen werden immer sicherer und schneller und auch deinem Trainer wird das nicht entgehen. Er lobt dich bestimmt und das ist Ansporn, weiter zu üben und immer schneller und perfekter zu werden.

 **Der Trainer kann nicht gleichzeitig auf alle schauen, deshalb helft euch gegenseitig! Ein Sportler führt die Bewegung aus und der andere beobachtet ihn aufmerksam und sagt, was noch nicht so gut gelingt.**

Doch langsam wird dir die Überei langweilig. Du spürst keine deutlichen Leistungsverbesserungen mehr und der Reiz des Neuen ist ebenfalls weg. Du denkst, es geht doch schon ganz gut mit dieser neuen Technik, wozu eigentlich noch weiterhin üben? Nun kommt der Zeitpunkt, wo du vielleicht keine Lust mehr hast. Aber wenn du jetzt aufhörst, verlernst du wieder einiges und das ganze Üben zuvor war umsonst. Also, denke an das, was du dir vorgenommen hast und überwinde diesen „inneren Schweinehund"!

Der Weg zur Leistungssteigerung

Nach dem schnellen Fortschritt kommen jetzt viele Trainingtage, an denen du das Gefühl hast, dass sich gar nichts tut. Das ist normal. Auf dem langen Weg zur perfekten Technik gibt es immer Etappen des schnellen Vorwärtskommens und auch Etappen der mühsamen Schinderei. Wenn du also denkst, besser und schneller geht es nicht, das ist schon meine Leistungsgrenze und weiteres Üben ist zwecklos, dann mach trotzdem weiter! Du erlebst, dass es doch noch besser geht.

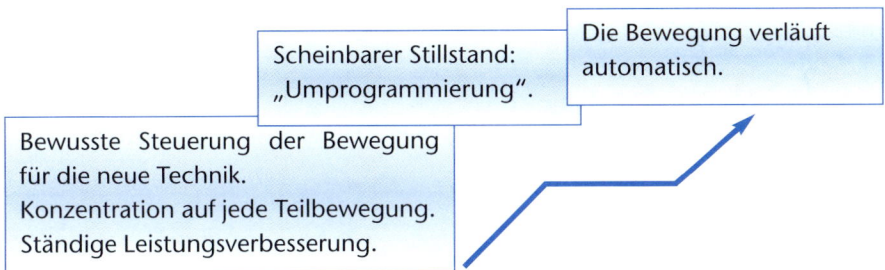

In diesem scheinbaren Stillstand bereitet sich dein Körper auf die nächste Stufe der Leistungsentwicklung vor. Es wird sozusagen innerlich auf die nächste Stufe „umprogrammiert". Das kommt manchmal fast wie über Nacht. Hier heißt es: Durchhalten! Auch dein Trainer weiß das und lässt euch fleißig weiterüben.

Ein Beispiel zum Erlernen von Fertigkeiten:
Zeichne „Das-ist-das-Haus-vom-Ni-ko-laus" in einem Zuge, ohne abzusetzen. Du musst du dich am Anfang bestimmt sehr konzentrieren und immer wieder auf die Abbildung schauen.
Bald geht es immer schneller und irgendwann schaffst du es sogar mit geschlossenen Augen.

Das Erlernen dieser Fertigkeit geht relativ schnell. Für andere braucht man viele, viele Trainingsstunden, sogar Jahre.

Tipps für das Techniktraining

 Aufmerksam zuhören und zuschauen, wenn die Technik erklärt und demonstriert wird!

 Die Technik noch einmal gedanklich nachvollziehen und mit geschlossenen Augen den Ablauf und die Bewegung intensiv vorstellen. Zuerst die Bewegungen an Land ausführen.

 Die Technik viele, viele Male im Training üben. Nach jeder Wiederholung selbst kontrollieren oder von anderen feststellen lassen, was noch verbessert werden muss.

 In Ruhe die Abbildungen und Beschreibungen genau ansehen. Es hilft, wenn man die Technik einem anderen beschreiben, erklären und zeigen kann.

 Kontrolliert und helft euch gegenseitig!

Wie lange ein Schwimmer üben muss, damit eine neue Technik perfekt klappt, ist, wie beim Lernen in der Schule, bei jedem unterschiedlich. Aber viel üben müssen alle. Am Ende sollte die Technik schnell, sauber und ohne Ablaufkontrolle, also automatisch, ausgeführt werden.

Durch häufiges Training werden dazu die Abläufe in deinem Gehirn programmiert und abgespeichert. Fast so, als ob du ein Computerprogramm lädst, was später wieder abgerufen wird.

 **Wenn du dich im Training nicht anstrengst, die Übungen immer langsam und falsch wiederholst, dann werden die langsamen und falschen Abläufe gespeichert. Später kannst du es dann nicht mehr besser, weil etwas Falsches automatisiert wurde.**

Kontrollieren – Bewerten – Verbessern

Nichts Falsches lernen und automatisieren! Deshalb ist es notwendig, dass du den Ablauf einer neuen Technik kontrollieren lässt und die Fehler abstellst. Wie schnell das geht, hängt auch von deinen *Zielen* und deiner *Motivation* ab. Erinnerst du dich noch?

> *Max erlernt den Startsprung. Er hat gut aufgepasst und will alles, was der Trainer gesagt hat, beachten. Max strengt sich sehr an. Der Trainer beobachtet ihn und sagt dann: „Prima, Max, das machst du schon gut!" Max freut sich und übt weiter.*
>
> *Einige Trainingstage später schaut der Trainer wieder bei den Sprungübungen zu und meint: „Das sieht noch nicht gut aus, der Absprung ist nicht kraftvoll genug und die Arme sind nicht gestreckt."*
>
> *Nun ist Max aber sauer! Er hat den Sprung genauso gemacht, wie vor einigen Tagen. Da hat der Trainer ihn gelobt und jetzt meckert er!*

Du hast wahrscheinlich schon gemerkt, der Trainer hat in dieser Geschichte keinen Fehler gemacht. Er hat nur seine Bewertung der Situation und den Möglichkeiten angepasst.

Der Sprung von Max war in der ersten Übungsstunde auf keinen Fall perfekt. Aber für das erste Mal schon recht gut und mutig. Später, nach vielen Wiederholungen, konnte man aber eine Verbesserung erwarten. Das nächste Teilziel müsste erreicht werden.

Auf dem Weg zur schnellen und genauen Technik erreichst du viele Teilziele und jeder kleine Fehler wird beachtet und korrigiert. Die Bewertung durch den Trainer ist am besten, da er über das Schwimmen und die Technik sehr gut Bescheid weiß.

Selbstkontrolle – Selbstbewertung

Da aber der Trainer nicht immer und nicht jeden gleichzeitig sehen kann, musst du öfter im Training ohne fremde Kontrolle trainieren. Du bemühst dich, die Hinweise des Trainers über einen längeren Zeitraum umzusetzen. Er gibt dir Kontrollpunkte zur Hilfe, wie: Hand zum Oberschenkel, den kleinen Finger zuerst eintauchen usw.

Tipps:

Zuerst solltest du eine genaue Vorstellung von der neuen Technik haben. Dazu kannst du dir Abbildungen anschauen, den Trainer bei der Demonstration beobachten sowie besseren Schwimmern im Wasser zuschauen.

Vergleiche die richtige Ausführung mit deiner eigenen und stelle Abweichungen fest. Das sind dann die Fehler, die du abstellen willst. Dazu helfen dir auch die Fehlerbilder im Buch. Dort sind einige Hauptfehler übertrieben dargestellt. Merke dir Fehler, die dein Trainer schon bemängelt hat.

Stelle dir Ziele zum Üben. Wenn es gut klappt, dann lobe dich selbst und tadle dich, wenn du schon wieder den gleichen Fehler machst.

Wir müsen an dieser Stelle noch einige wichtige koordinative Fähigkeiten erwähnen, ohne die du nicht erfolgreich schwimmen könntest.

Kopplungsfähigkeit

Wie aus dem Wort schon erkennbar ist, werden Bewegungen aneinander gekoppelt, also miteinander verbunden. Nach dem Erlernen der Teilbewegungen für Arme und Beine müssen diese in eine Gesamtbewegung überführt werden. Dazu kommt noch die Atmung.

Orientierungsfähigkeit

Auch wenn sich fast der ganze Körper des Schwimmers unter Wasser befindet, bei Starts und Wenden getaucht und gedreht wird, muss der Schwimmer jederzeit wissen, wo oben, unten, vorn und hinten ist. Im Wettkampf bleibt keine Zeit, sich erst einmal zurechtzufinden.

Rhythmisierungsfähigkeit

Ganz einfach gesagt: Du musst die Fähigkeit erlernen, dich bei der Schwimmbewegung immer wieder auf einen neuen Rhythmus einzustellen. Den gesamten Bewegungsablauf von Armen und Beinen nennt man *Zyklus* und die Geschwindigkeit, in der er ausgeführt wird, nennt man *Frequenz*. Je nach Situation entscheidet der Schwimmer sich zwischen schnelleren oder langsameren und dabei kräftigeren Bewegungen. An der richtigen Stelle wird die Kraft eingesetzt.

Wassergefühl

Mancher bewegt sich im Wasser, als wäre er da geboren. Manche erwerben dieses bestimmte Gefühl durch jahrelanges Training. Du spürst den Auftrieb und den Widerstand des Wassers. Ein guter Schwimmer erkennt, wie er seinen Körper hält, um wenig Widerstand zu haben und wie er Arme und Beine bewegt, für einen schnellstmöglichen Vortrieb. Im Training achtest du noch auf die richtige Technik, du schaust auf die Haltung der Hände, den Zug der Arme und ob die Knie nicht die Wasseroberfläche durchbrechen.

Doch im Wettkampf musst du es fühlen. Wenn dein *Muskelsinn* gut genug trainiert ist, spürst du, ob du mit den Händen den richtigen Abdruck hast, du die Beine nicht zu weit unter den Körper ziehst und die Füße im richtigen Winkel stehen.

Schwimmkombinationen

Wenn dich jemand nach den Schwimmarten fragt, wirst du sicher gleich sagen: Rücken, Brust, Kraul, Schmetterling. Das ist nicht falsch, denn diese werden im Wettkampf geschwommen.

Doch wer sagt eigentlich, dass man nicht kombinieren und abwandeln darf? So kannst du in Rückenlage die Arme im Gleichschlag bewegen und dazu die Kraulbeinbewegung ausführen oder auch die Beine grätschen. Die Delfinbewegung lässt sich mit der Brustarmbewegung, der Kraularmbewegung oder der Rückenkraularmbewegung ausführen.

Schwimmkombinationen machen das Training vielseitiger und abwechslungsreicher.
Mit Schwimmkombinationen werden die koordinativen Fähigkeiten trainiert.

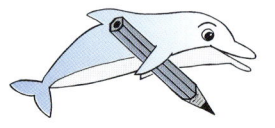

Welche Schwimmkombinationen hast du schon einmal ausprobiert? Verbinde die jeweilige Arm- und Beinbewegung mit Linien!

Rückenkraularmbewegung　　　　　*Rückenkraulbeinbewegung*
Brustarmbewegung　　　　　　　　*Brustbeinbewegung*
Kraularmbewegung　　　　　　　　*Kraulbeinbewegung*
Schmetterlingsarmbewegung　　　*Delfinbewegung*
Rückengleichschlag der Arme ⟶ *Grätsche der Beine*

..................8 DIE SCHWIMMARTEN, WENDEN UND STARTS

In Kapitel 7 „Technik" haben wir beschrieben, wie die Schwimmtechnik erlernt wird. Es ist ein langer Weg vom Erklären, Demonstrieren, Nachahmen und Üben, bis die Schwimmarten, die Wenden und die Starts perfekt ausgeführt werden. In diesem Kapitel sind nun einige wichtige Techniken dargestellt, die ein Schwimmer beherrschen muss. Da dieses Buch aber vorrangig ein Trainingsbuch ist, konnten wir nicht alle Techniken beschreiben. Dafür reicht der Platz nicht. Willst du noch mehr wissen, dann schau in anderen Schwimmbüchern nach oder frage deinen Trainer.

Die Trainer und Sportwissenschaftler überlegen immer weiter, welche Technik am besten und damit am schnellsten ist. So gibt es auch immer wieder Neuerungen und Änderungen in der Ausführung. Wir haben die im Moment üblichsten Formen dargestellt und beschrieben. Für dich gilt aber immer, was der Trainer sagt. Verstehst du seine Meinung und sein Vorgehen manchmal nicht so recht, dann frage ihn doch einfach danach. Sicher wird er seine Ansicht gut begründen können. Wenn du willst, dann schreibe oder zeichne dir auch Notizen ins Buch an die entsprechende Stelle.

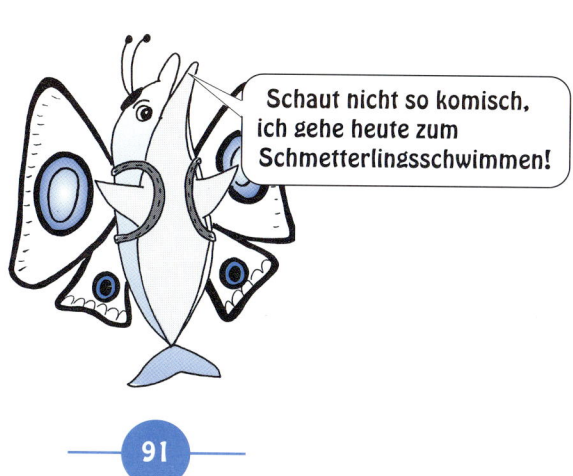

Schaut nicht so komisch, ich gehe heute zum Schmetterlingsschwimmen!

Grundtechniken eines Sportschwimmers

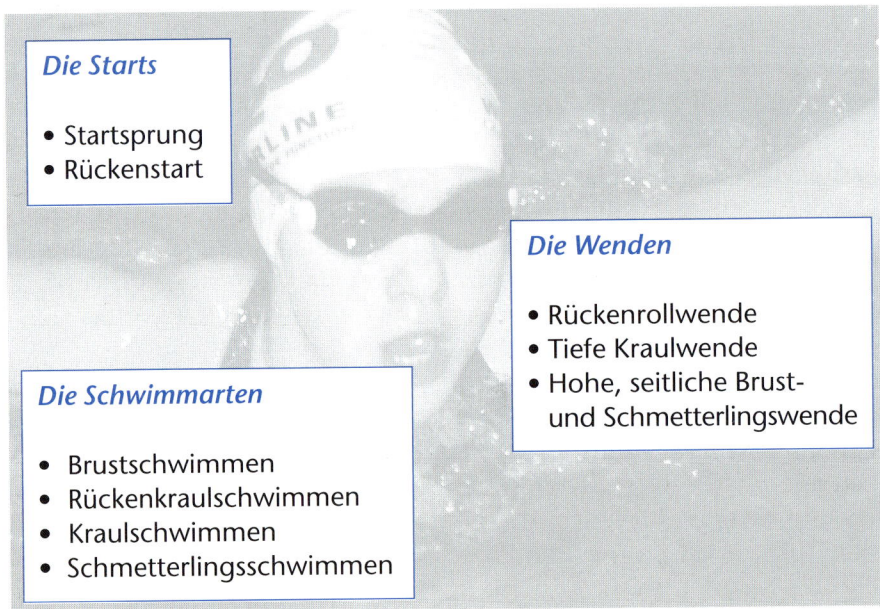

Die Starts

- Startsprung
- Rückenstart

Die Wenden

- Rückenrollwende
- Tiefe Kraulwende
- Hohe, seitliche Brust- und Schmetterlingswende

Die Schwimmarten

- Brustschwimmen
- Rückenkraulschwimmen
- Kraulschwimmen
- Schmetterlingsschwimmen

Der Bewegungsablauf

So gut und anschaulich, wie es der Trainer vermitteln kann, ist keine Zeichnung. Die Technik der Spitzenschwimmer sieht bei manchen Bewegungsabläufen anders aus (z. B. Brustschwimmen, Eintauchen nach dem Start). Deshalb umfasst die Technikbeschreibung nur die wesentlichen Abläufe. Die Zeichnungen sollen dir helfen, dich an die Demonstrationen deines Trainers zu erinnern, um sie daheim noch einmal in Ruhe nachvollziehen zu können.

Die Hinweise

Die dazugehörigen Hinweise kommen dir bestimmt bekannt vor, weil du diese im Training oft hörst. Sie sollen dir beim Erlernen einer sauberen Technik helfen und dich immer wieder an Fehlermöglichkeiten erinnern.

Kreuze jeweils an, was du besonders beachten musst und was noch nicht so klappt. Du kannst selbstverständlich auch mit einem Häkchen markieren, was dir besonders gut gelingt.

Du wirst dabei feststellen, dass du deine Markierungen immer mal wieder verändern musst. Bewegungen, die du regelmäßig falsch gemacht hast, klappen plötzlich super und für die du immer gelobt wurdest, gehen schief! Das ist beim Üben so und ganz normal. Also, nicht nachlassen! Nach einiger Zeit sollten jedoch mehr Häkchen als Kreuze stehen.

Die Fehlerbilder

Eine gute Möglichkeit der Selbstbewertung und Selbstkorrektur ist das Erkennen von Fehlern bei anderen. Schau dir die Strichmännchen gut an und erkenne, welchen entscheidenden Fehler sie beim Ausführen der Technik machen. Die Lösungen findest du am Ende des Buches. Vielleicht entdeckst du sogar noch mehr Fehler bei den Figuren. Beobachtet euch im Training auch gegenseitig und weist euch gegenseitig auf Fehler hin.

Übungen für Zuhause

Dein Trainer wird mit euch viele verschiedene Übungen im Wasser und manchmal auch an Land ausführen. Er weiß am besten, wie ihr erfolgreich üben könnt. Vielleicht gibt er euch auch „Schwimmer-Hausaufgaben" auf. Möchtest du dich zusätzlich in Schwung bringen und daheim üben, so findest du im Buch einige Übungen dafür.

Doch, Schwimmen lernt man nur durch Schwimmen!
Nutze die Trainingszeit in der Schwimmhalle so gut wie möglich!

Das Brustschwimmen

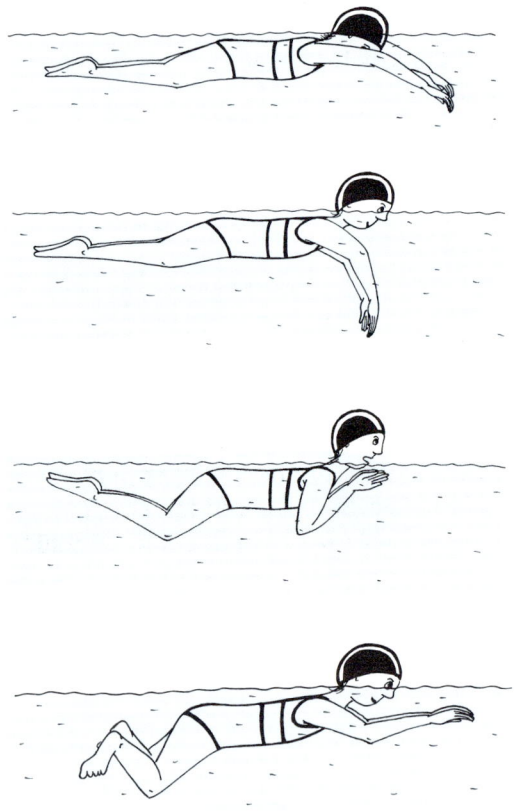

Aus dem Gleiten die Hände drehen zum Wasserfassen.

Arme beugen und mit viel Kraft nach unten hinten bis auf Schulterhöhe ziehen. Dabei zeigen die Ellbogen nach vorn.

Arme unter dem Körper zusammenführen. Dabei werden die Beine gebeugt und die Fersen zum Po gezogen. Kopf leicht anheben und tief und schnell durch den Mund einatmen.

Die Füße nach außen drehen und dabei die Zehen zum Knie ziehen. Die Knie sind etwa hüftbreit auseinander, die Füße etwas weiter. Der Kopf senkt sich wieder ins Wasser.

Während der Armstreckung erfolgt das schnelle und kräftige Strecken der Beine. Schultern nach vorn schieben. Beim Gleiten durch Mund und Nase ausatmen.

Was du beachten solltest:

- [ ] Schultern waagerecht! Körper gerade, Hüfte fest!
- [ ] Po unter Wasser!
- [ ] Blick geradeaus, Augen an der Wasseroberfläche!
- [ ] Bewege ein Bein wie das andere!
- [ ] Ziehe die Fersen gleichzeitig zum Po, nicht ruckhaft!
- [ ] Knie nicht unter den Bauch ziehen!
- [ ] Zehen nach außen und zum Knie!
- [ ] Unterschenkel schnell und kräftig nach hinten schlagen!
- [ ] Mit den Fußsohlen vom Wasser abdrücken!
- [ ] Beine völlig strecken!
- [ ] Beine halbkreisförmig bewegen!
- [ ] Arme beim Durchziehen beugen!
- [ ] Finger zusammen! Knie eng halten!
- [ ] Hände seitlich nach hinten unten ziehen!
- [ ] Keine Pause, wenn sich die Arme unter dem Körper befinden!
- [ ] Arme vollständig strecken, Schultern mit nach vorn schieben!
- [ ] Tief einatmen, wenn die Arme unter dem Körper zusammengeführt werden!
- [ ] Beim Strecken der Arme vollständig in das Wasser ausatmen!
- [ ] Im letzten Teil des Armzugs die Beine anziehen!
- [ ] Beinschlag, wenn sich die Arme strecken!

- [ ] _____
- [ ] _____
- [ ] _____

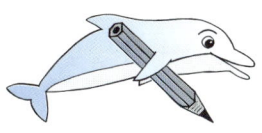

Auf die freien Linien schreibst du Hinweise, die dein Trainer dir noch zusätzlich gibt!
Kreuze mit Bleistift an, welche Hinweise im Moment für dich besonders wichtig sind. Wenn es klappt, dann radiere das Kreuz wieder aus.

Auf den Zeichnungen wird die Brusttechnik fehlerhaft ausgeführt. Kannst du die Fehler finden?

1

2

3

5

4

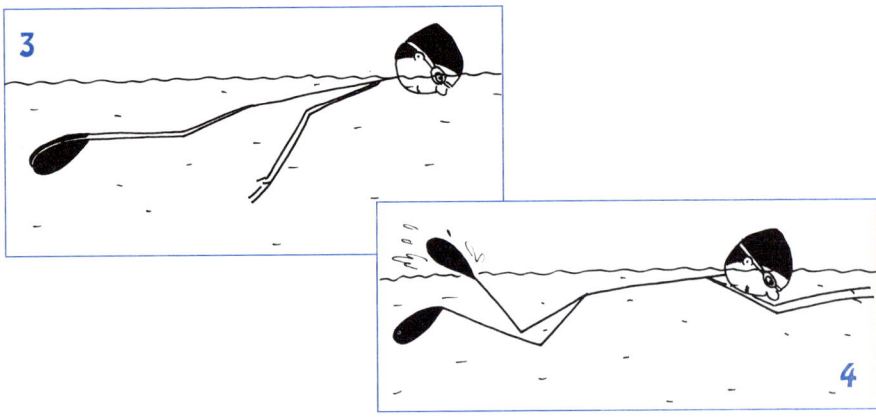

Das Rückenkraulschwimmen

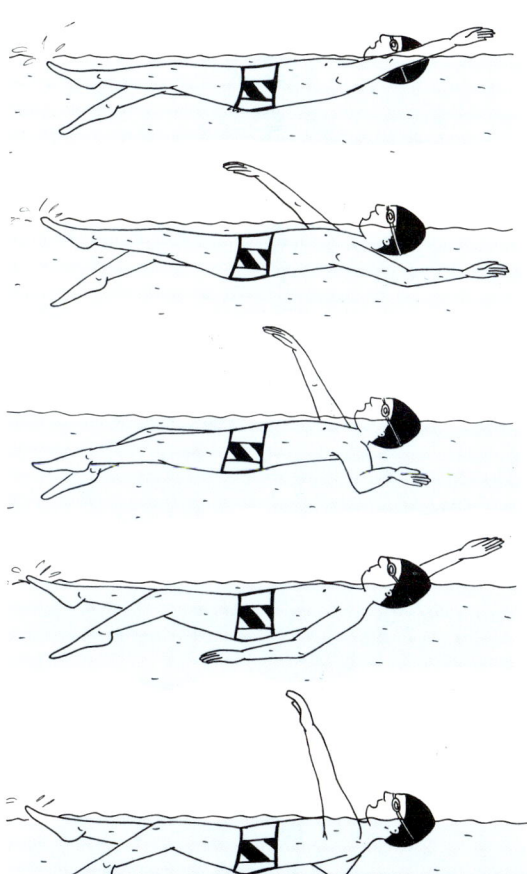

Die Hand mit dem kleinen Finger zuerst ins Wasser eintauchen.

Während der Arm seitlich ins Wasser nach unten fußwärts drückt, kommt der andere Arm aus dem Wasser.

Der gebeugte Arm drückt sich kräftig gegen das Wasser ab.

Die Hand geht schnell zum Oberschenkel.

Der Arm verlässt das Wasser und wird locker gestreckt über Wasser zurückgeführt.

Die Beine werden pausenlos bewegt. Auf eine vollständige Armbewegung machst du sechs Beinschläge.

Um die regelmäßige Atmung nicht zu vergessen, wird ein Atemrhythmus festgelegt.

Was du beachten solltest:

☐ Nicht sitzen, Bauch zur Wasseroberfläche!
☐ Schultern hoch!
☐ Nicht schaukeln!
☐ Körper gerade!
☐ Blick geht zu den Zehen!
☐ Kopf bleibt ruhig und entspannt, nicht zur Seite drehen!
☐ Oberschenkel mit bewegen!
☐ Knie unter Wasser, nicht zu stark beugen!
☐ Fußgelenke locker, Zehen lang, nicht Rad fahren!
☐ Zehen nach innen (Onkelstellung) beim Aufwärtsschlagen!
☐ Zehen durchstoßen die Wasseroberfläche, Wellen bilden!
☐ Runde Bewegungen der Beine, nicht nur zittern!
☐ Pausenlose Bewegung der Arme!
☐ Arme immer wechselseitig führen!
☐ Kräftig durchziehen, der kleine Finger zieht am Oberschenkel vorbei!
☐ Den letzten Abdruck betonen, nicht zu tief ziehen!
☐ Den Widerstand spüren, Finger nicht auseinander, Hand nicht verkanten!
☐ Arme sind gestreckt, Oberarm dicht am Ohr vorbeiführen!
☐ Immer zum gleichen Zeitpunkt ein- und ausatmen!
☐ Kräftig und vollständig ausatmen!

☐ _____

☐ _____

☐ _____

☐  *Schreibe auf die freien Linien Hinweise, die dein Trainer dir noch zusätzlich gibt!*
Kreuze an, radiere aus und hake ab!

 Auf den Zeichnungen wird die Rückentechnik fehlerhaft ausgeführt. Kannst du die Fehler finden?

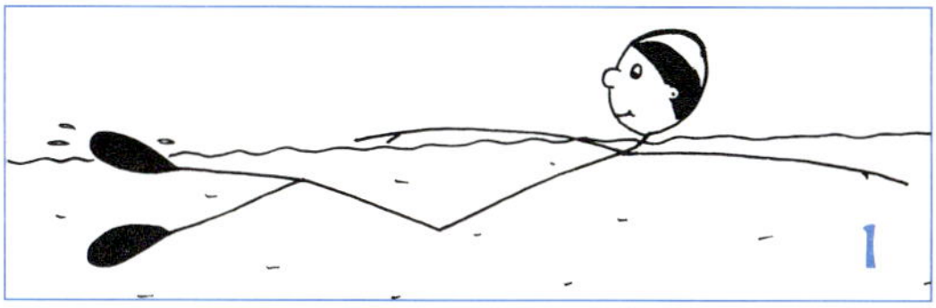

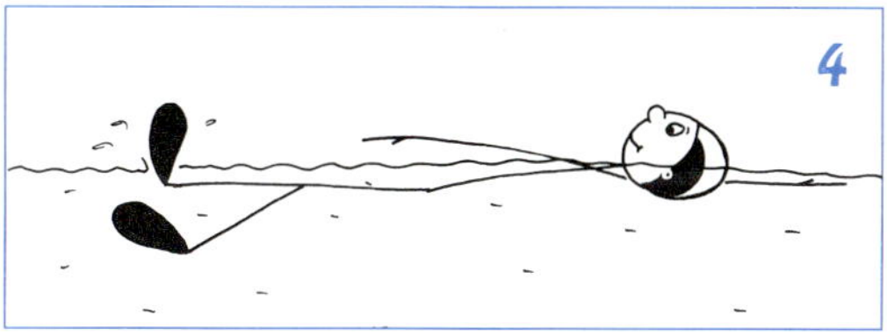

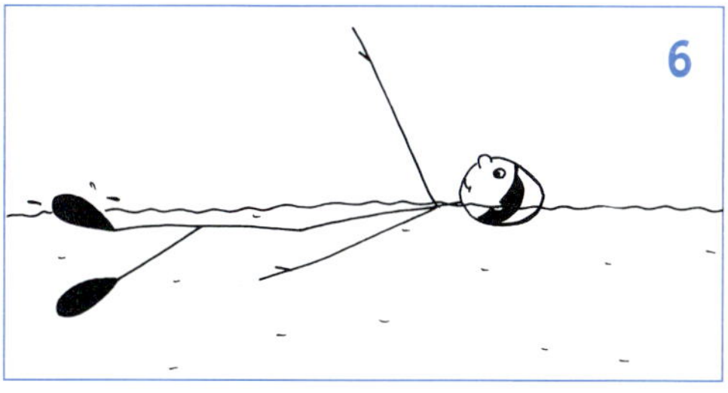

1

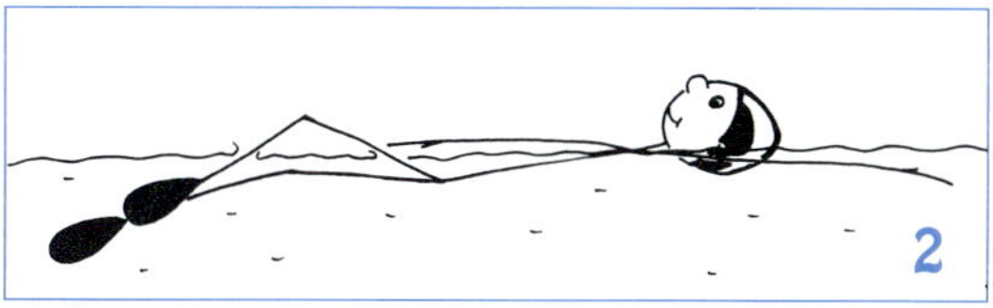

2

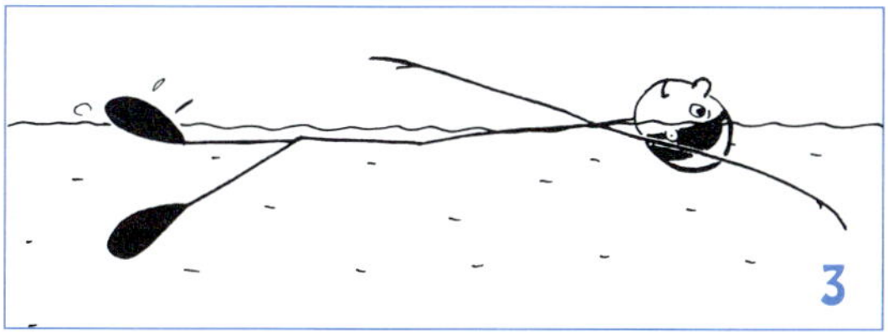

3

4

5

6

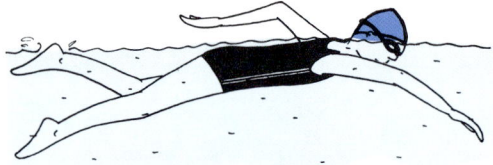

Das Kraulschwimmen

Nach dem Wasserfassen wird der Arm gebeugt unter dem Körper durch das Wasser gezogen.

In Schulterhöhe wird der Arm am stärksten gebeugt. Die Beine werden pausenlos im Sechserschlag bewegt. (Es sind auch Abweichungen möglich.)

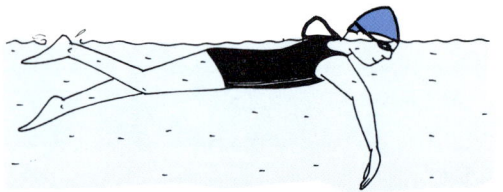

Der Arm taucht vor dem Kopf gestreckt ins Wasser ein. Der Kopf dreht sich zur anderen Seite.

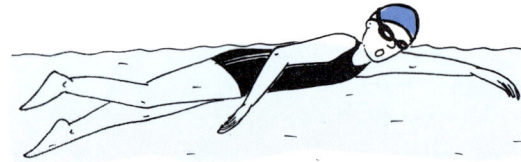

Der andere Arm zieht schnellkräftig zum Oberschenkel. Jetzt wird eingeatmet.

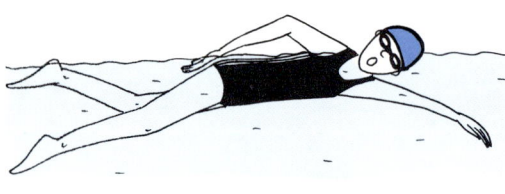

Nachdem die Hand am Oberschenkel das Wasser verlassen hat, wird der Arm entspannt übers Wasser geführt. Das Gesicht dreht zur Ausatmung ins Wasser.

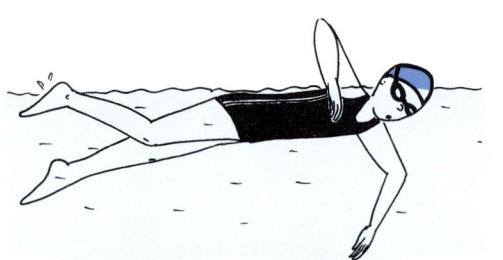

Was du beachten solltest:

☐ Schultern hoch und gerade!
☐ Nicht schaukeln!
☐ Körper gerade und Hüfte fest!
☐ Gesäß unter Wasser!
☐ Augen in Höhe der Wasseroberfläche!
☐ Gesicht aufs Wasser legen!
☐ Beinbewegung wie beim Rückenkraul, jedoch in Brustlage!
☐ Fußgelenke locker, Zehen lang, nicht Rad fahren!
☐ Zehen nach innen (Onkelstellung) beim Abwärtsschlagen!
☐ Die Fußsohlen durchbrechen die Wasseroberfläche!
☐ Runde Bewegungen der Beine, nicht nur zittern!
☐ Pausenlose Bewegung der Arme!
☐ Arme immer wechselseitig führen!
☐ Den Widerstand suchen, nicht schneiden und nicht tellern!
☐ Den gebeugten Arm locker und weit nach vorn schwingen.
☐ Arm gestreckt vor dem Kopf einsetzen!
☐ Finger sind zusammen und die Handflächen gerade!
☐ Wenn die Hand am Oberschenkel vorbeigeführt wird kurz und tief einatmen!
☐ Beim Atmen nur Kopf zur Seite drehen, die Schultern bleiben gerade!
☐ Lang und vollständig durch Mund und Nase unter Wasser ausatmen!
☐ Nach jeder Seite atmen!

☐ _____

☐ _____

☐ _____

Schreibe auf die freien Linien Hinweise, die dein Trainer dir noch zusätzlich gibt!
Kreuze an, radiere aus und hake ab!

Auf den Zeichnungen wird die Kraultechnik fehlerhaft ausgeführt. Kannst du die Fehler finden?

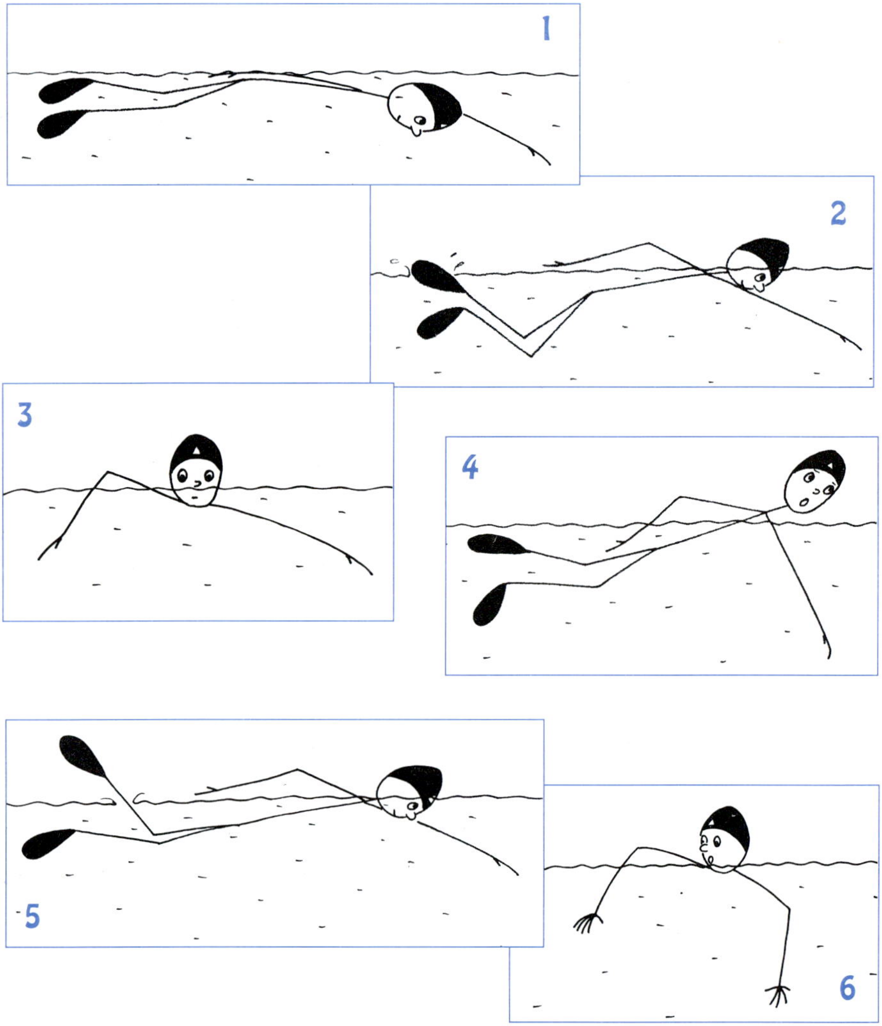

1

2

3

4

5

6

Das Schmetterlingsschwimmen

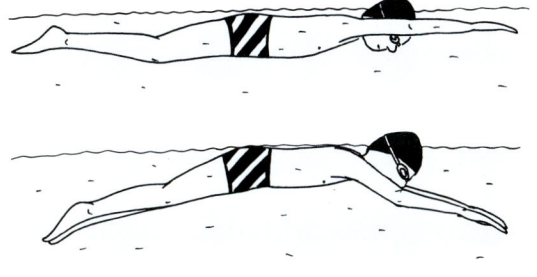

Die Hände setzen etwa schulterbreit ein und fassen das Wasser.

Erster Abwärtsschlag.

Der Armeinsatz ist zu Beginn des letzten Drittels unter Wasser am stärksten.

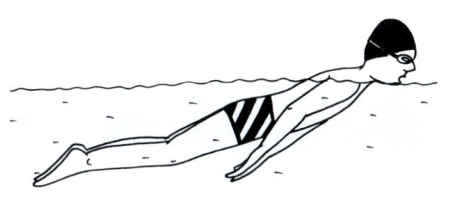

Im letzten Teil der Unterwasserphase wird der Kopf leicht angehoben, das Kinn nach vorn geschoben und tief und kräftig eingeatmet (zweiter Abwärtsschlag).

Wenn die Arme das Wasser verlassen, das Gesicht sofort aufs Wasser legen.

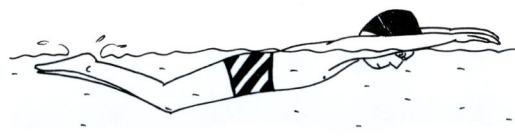

Lang und tief durch Mund und Nase ins Wasser ausatmen.

Was du beachten solltest:

- ☐ Schultern waagerecht halten!
- ☐ Hüfte ist tiefer als die Schulter, Po unter Wasser drücken!
- ☐ Blick ist geradeaus gerichtet!
- ☐ Kinn beim Einatmen nach vorn schieben, danach das Gesicht ins Wasser!
- ☐ Füße sind zusammen und die Knie etwas auseinander!
- ☐ Beine schlagen gleichzeitig!
- ☐ Hüfte wird nach unten gedrückt, dann folgen Ober- und Unterschenkel!
- ☐ Nicht aus dem Kniegelenk schlagen!
- ☐ Zehen sind lang und locker, nicht gegen das Wasser treten!
- ☐ Arme werden pausenlos bewegt!
- ☐ Kräftig und geradlinig bis zum Oberschenkel durchziehen!
- ☐ Daumen zieht am Oberschenkel vorbei!
- ☐ Widerstand spüren, Finger nicht auseinander!
- ☐ Nicht schneiden und nicht verkanten!
- ☐ Arme symmetrisch, locker und gestreckt nach vorn schwingen!
- ☐ Handrücken nach vorn, weit nach vorn greifen!
- ☐ In Schulterbreite einsetzen!
- ☐ Beim Vorschwingen sind die Ellbogen höher als die Hand!
- ☐ Beim letzten Abdruck einatmen!
- ☐ Vollständig durch Mund und Nase ins Wasser ausatmen!
- ☐ Zwei Delfinbewegungen auf einen Armzug ausführen!
- ☐ Der erste Abwärtsschlag erfolgt, wenn die Arme vorn einsetzen!
- ☐ Der zweite Abwärtsschlag erfolgt kurz bevor die Arme das Wasser verlassen!

- ☐ _____
- ☐ _____

Ergänze die Hinweise, kreuze an, hake ab!

Auf den Zeichnungen wird die Schmetterlingstechnik fehlerhaft ausgeführt. Kannst du die Fehler finden?

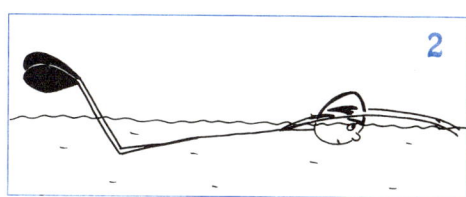

2

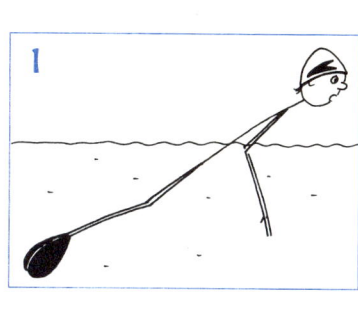

1

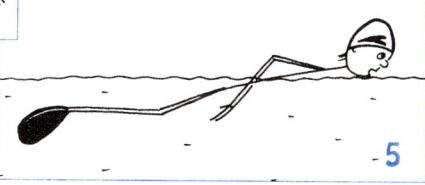

3

4

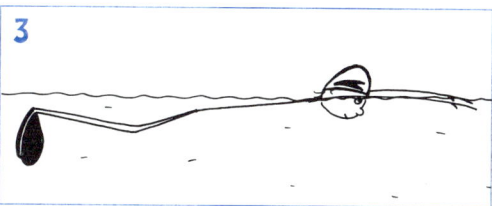

5

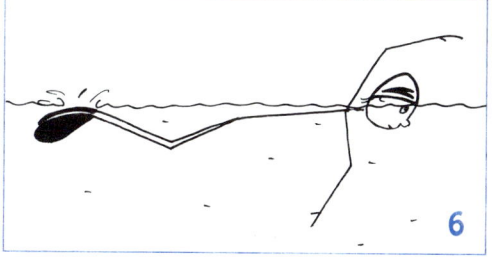

6

Meine persönliche Entwicklung

Das Brustschwimmen erlernt ab: _____

Das Rückenkraulschwimmen erlernt ab: _____

Das Kraulschwimmen erlernt ab: _____

Das Schmetterlingsschwimmen erlernt ab: _____

Meine persönlichen Bestleistungen:
(Trage diese mit Bleistift ein, da sie sich ja immer verbessern!)

Disziplin	Zeit

Zeit

Trage deine Leistungsentwicklung in ein solches Diagramm ein, wie wir es im Konditionskapitel beschrieben haben. Wähle eine Lieblingsstrecke aus oder verwende für die Strecken verschiedene Farben.

Datum

Auf die Wenden kommt es an

Bei den meisten Disziplinen des Sport-
schwimmens beträgt die Wettkampf-
strecke das Mehrfache einer Bahnlänge.
Deshalb muss jeder Schwimmer die
richtigen Wenden in den jeweiligen
Schwimmarten und beim Lagenschwimmen erlernen.

Bei einem 1.500-m-Schwimmen im 50-m-Becken musst du 29-mal
wenden. Das heißt, 29-mal kannst du wertvolle Zeit verlieren und jedes
Mal in Rückstand kommen. Bei einer guten Wendetechnik hast du allerdings auch jedes Mal die Chance, wertvolle Zeit gegenüber deinen
Konkurrenten herauszuholen. Was werden deine Gegner wohl denken,
wenn du nach jeder Wende wieder ein Stück weiter vorn liegst?

Auch im Training darfst du die entsprechende Wende nicht vernach-
lässigen und einfach irgendwie die Richtung wechseln. Nutze die
Trainingszeit zum Üben!

Verschiedene Wenden für verschiedene Schwimmarten

 Im Wettkampf bevorzugt:
- Rückenrollwende
- Tiefe Kraulwende
- Hohe, seitliche Brust- und Schmetterlingswende

 Im Nachwuchsschwimmen:
- Hohe, seitliche Kraulwende
- Flache Rückenwende

 Im Lagenschwimmen:
- Von Schmetterling zu Rücken eine hohe Wende
- Von Rücken zu Brust eine hohe, seitliche Wende
- Von Brust zu Kraul eine hohe, seitliche Wende

Das gilt für alle Wenden:

Anschwimmen: Mit hoher Geschwindigkeit, Orientierung vor der Wand.

Anschlag:
Wie in den Schwimmarten angeschlagen wird, ist in den Wettkampfbestimmungen vorgeschrieben. Bei Rückenkraul und Kraul muss nicht mit den Händen angeschlagen werden.

Drehung:
Erfolgt sehr schnellkräftig, wird durch Kopf und Arme gesteuert.

Abstoß:
Erfolgt mit beiden Beinen, schnellkräftige Streckung des Körpers mit den Armen nach vorn.

Gleiten/Übergang in die Schwimmbewegung: Nach einem kurzen Gleiten erfolgt ein zügiger Übergang in die Schwimmbewegung.

Die Rückenrollwende

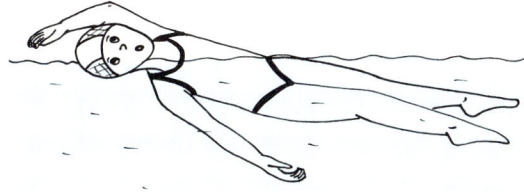

Aus vollem Tempo an-
schwimmen. Beim letzten
Armzug in die Bauchlage
drehen. Nicht anschlagen.

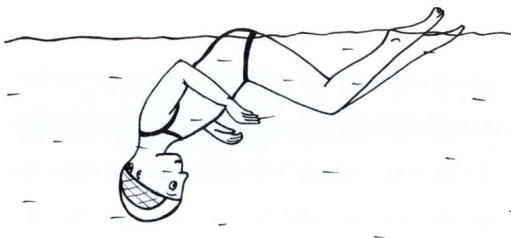

Kurz vor dem Abtauchen
einatmen. Die Beine schnell
anhocken und zur Rolle
ansetzen.

Die Arme unterstützen die
Drehung.

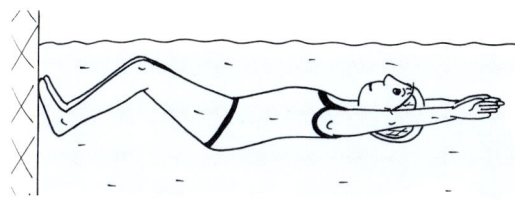

Mit beiden Füßen absto-
ßen. Arme sind lang ge-
streckt und der Kopf ist
dazwischen.

Es beginnt eine kurze Gleitphase.

Die tiefe Kraulwende

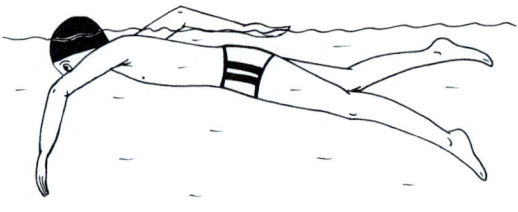

Zur Wand anschwimmen.
Nicht anschlagen!
Beide Arme kräftig zum Körper ziehen und Kinn zur Brust nehmen!

Die Beine explosiv über Wasser zur Wand hocken!
Die Arme vor den Kopf bringen. Zur Wasseroberfläche schauen!

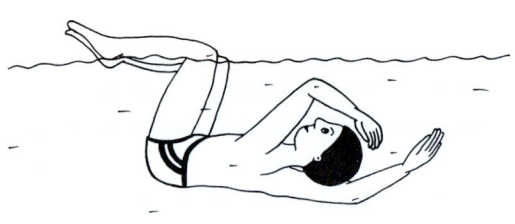

Die Beine gehen in Richtung Wand!
Den Oberkörper seitlich in die neue Schwimmrichtung drehen!

Mit beiden Beinen unter Wasser nach vorn oben kräftig abstoßen!

Hohe, seitliche Brust- und Schmetterlingswende

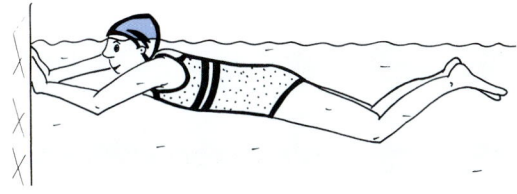

Beide Arme schlagen gleichzeitig an! Die Arme sind dabei leicht gebeugt!

Die Beine unter Wasser zur Wand hocken!
Mit den Armen wird der Körper von der Wand weggedrückt!

Die Arme unterstützen die Drehung.

Die Füße sind fest an der Wand und stoßen kräftig ab! Die Arme vor dem Körper strecken!

Beim Brustschwimmen wird ein Tauchzug ausgeführt.

Was du bei den Wenden beachten solltest:

☐ Mit voller Geschwindigkeit anschwimmen!
☐ Anschlag erfolgt, wie in den Wettkampfbestimmungen festgelegt!
☐ Füße haben festen Halt an der Beckenwand!
☐ Hüft- und Kniegelenke sind vor dem Abstoß gebeugt!
☐ Kräftig mit beiden Beinen abstoßen!
☐ Arme vor dem Körper strecken!
☐ Nach dem Abstoßen den Körper vollständig strecken!
☐ Unter Wasser gleiten, bis die Schwimmgeschwindigkeit erreicht ist!
☐ Bei Rückenkraul- und Kraulschwimmen setzen erst die Beine ein!
☐ Arme setzen dann nacheinander ein!
☐ Beim Brustschwimmen folgt ein Tauchzug!
☐ Beim Schmetterlingsschwimmen mit Delfinbewegungen beginnen!
☐ Keine Pausen zwischen den Bewegungen!

☐ _____

☐ _____

☐ _____

Auf die freien Linien schreibst du Hinweise, die dein Trainer dir noch zusätzlich gibt! Kreuze mit Bleistift an, radiere wieder aus.

Warum willst du aufhören?
Hast du keine Kraft mehr?

Doch, Kraft schon noch!
Aber keinen Durst mehr!

Schau dir die Zeichnungen gut an. Welche Fehler machen die Schwimmer bei den Wenden?

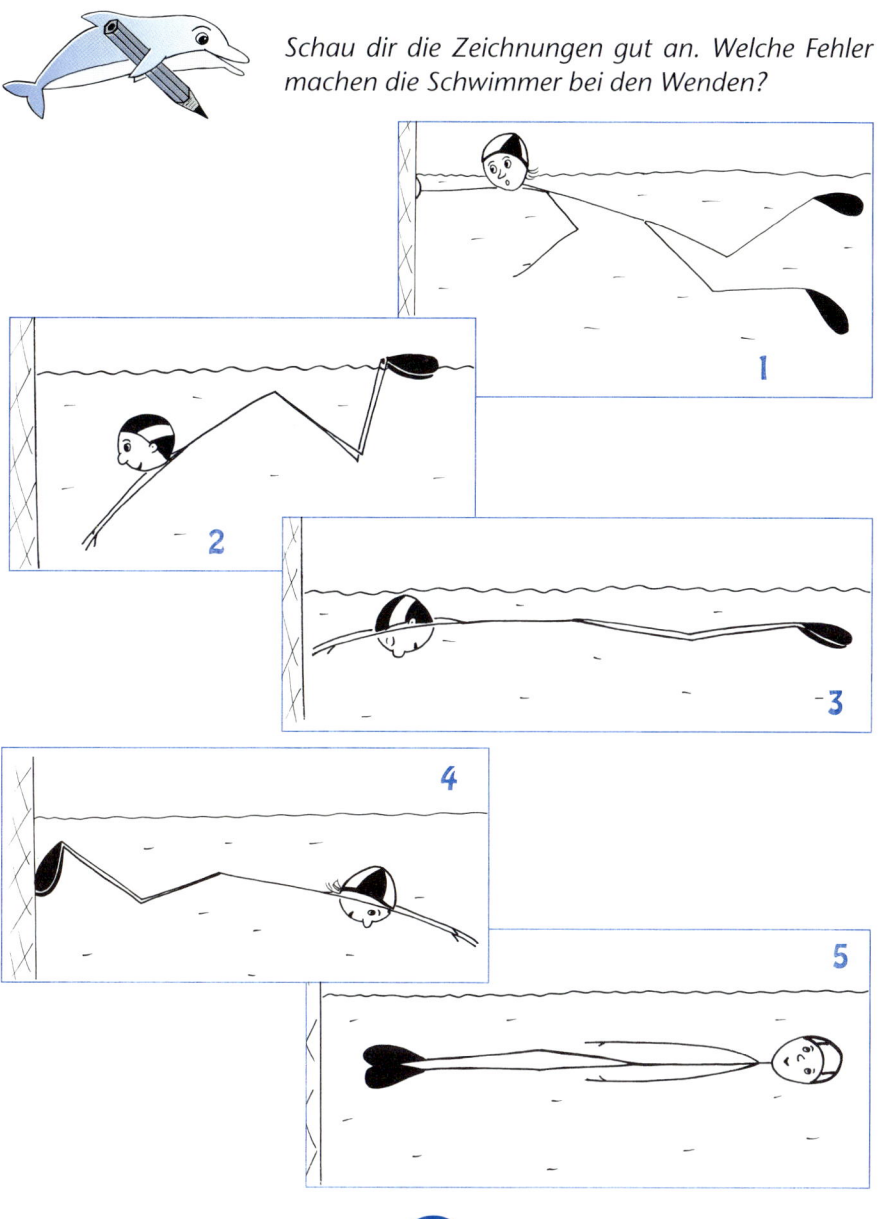

Lies dir die Bewegungsbeschreibung im Buch noch einmal durch. Schau dir die Bilder dazu an. Erinnere dich an die Erklärungen deines Trainers. Nun führe den Bewegungsablauf nur in Gedanken aus!

Was ist denn mit dir los?

Ach, Trainer, ich glaube, das waren zu viele Wendeübungen ...!

Hier findest du einige Übungen, mit denen du dich an Land und im Wasser auf die Wenden vorbereiten und in Schwung bringen kannst.

Suche dir eine Wand und übe dort den richtigen Anschlag mit anschließender Drehung.

Bist du in einem etwas tieferen Wasser, dann übe die Rolle vorwärts und rückwärts sowie Drehungen um die Längsachse (Schraube).

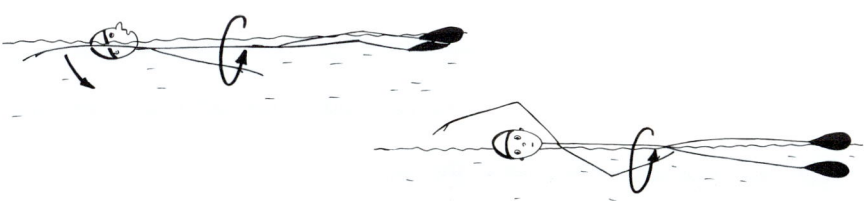

Für die Wende musst du dich im Wasser schnell drehen und gut orientieren können. Dafür brauchst du das Wassergefühl. Erinnerst du dich noch?

Nur, wer die Wenden sicher und gut beherrscht, hat im Wettkampf Siegchancen!

Ein guter Start ist entscheidend

Wenige Zehntelsekunden oder sogar Hundertstel entscheiden häufig den Wettkampf. Besonders bei den kurzen Strecken. Der Grundstein für Sieg oder Niederlage wird beim Start gelegt.

Ein guter Schwimmer sollte, ohne einen Fehlstart, nach dem Startsignal schnell wegkommen.
   Er muss weit abspringen, gut eintauchen, effektiv gleiten und einen bestmöglichen Übergang zur Schwimmbewegung finden.

Das geht natürlich nicht von heute auf morgen. Obwohl der Start im Gegensatz zu den Wenden nur einmal ausgeführt wird, muss er immer wieder geübt werden. Sogar die weltbesten Schwimmer üben im Training immer wieder Starts. Neben der Starttechnik sind besonders Sprungkraft und Reaktionsschnelligkeit entscheidend.

Vorab noch ein Wort zur Sicherheit

Achte immer darauf, dass das Wasser tief genug ist!
Die Wassertiefe steht meistens am Beckenrand oder einer anderen, gut sichtbaren Stelle.
Achte immer darauf, dass sich kein anderer Schwimmer im Sprungbereich aufhält!

Der Startsprung

Der Startsprung vom Block kann in verschiedenen Variationen ausgeführt werden.

 Es gibt Starts mit Armschwung oder mit Greifhaltung.

 Die Ausgangsstellung der Beine kann parallel oder in Schrittstellung sein.

 In der Flugphase gibt es die Möglichkeit zu strecken, zu bücken oder zu hocken. Das Eintauchen erfolgt gestreckt.

 Gleiten und Übergang in die Schwimmbewegung erfolgt wie bei den Wenden.

Diese unterschiedlichen Starts hast du bestimmt auch schon bei erfahrenen Schwimmern beobachtet. Dein Trainer wird dir später die Varianten des Startablaufs erläutern und diese mit dir trainieren.

Der Anfänger sollte zuerst immer einen Streckstart mit Armschwung und paralleler Fußstellung anwenden.

Fini übt die Eintauchphase!

So wird er ausgeführt:

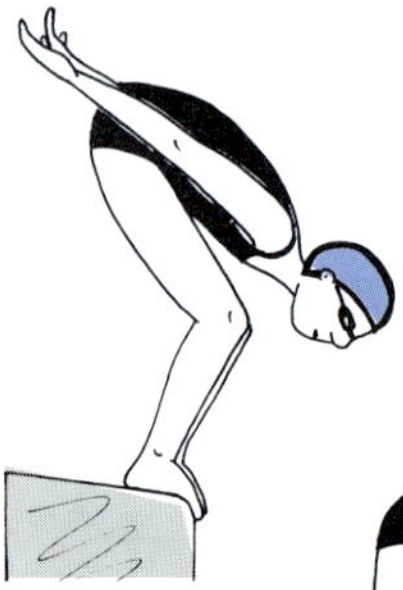

Die Arme sind hinten. Die Zehen krallen sich um die Vorderkante des Startblocks. Knie- und Hüftgelenke sind gebeugt.

Mit ganzer Kraft abspringen. Die Arme werden nach einer kleinen Ausholbewegung nach vorn gerissen und der gesamte Körper gestreckt.

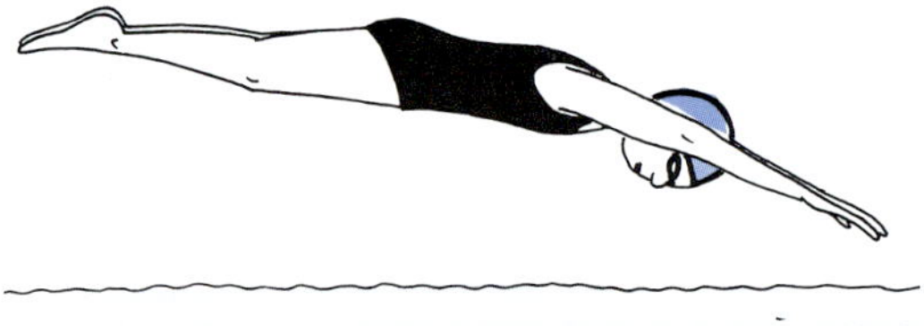

In der Flugphase ist der Körper vollkommen gestreckt. Der Kopf befindet sich zwischen den Armen. Die Hände sind zusammen.

Flach mit den Händen zuerst eintauchen.
In der Gleitphase ist der Körper gestreckt. Der Kopf, die Arme und die Hände steuern den Körper.

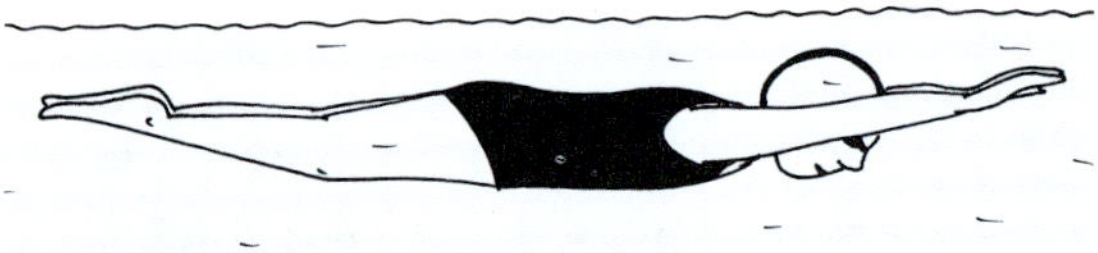

Beim Kraul- und Schmetterlingsschwimmen setzt zuerst die Beinbewegung ein. Beim Brustschwimmen wird ein Tauchzug bis zum Oberschenkel ausgeführt.

Was du beachten solltest:

- [ ] Hüft- und Kniegelenke beugen – jedoch nicht zu stark!
- [ ] Hände werden seitlich gehalten oder fassen den Startblock!
- [ ] Blick nach vorn!
- [ ] Zehen um die Kante krallen!
- [ ] Füße hüftbreit auseinander!
- [ ] Mit ganzer Kraft abspringen!
- [ ] Kräftig den Körper strecken und die Arme nach vorn reißen!
- [ ] Weit nach vorn springen!
- [ ] Den Körper völlig strecken!
- [ ] Kopf zwischen die Arme!
- [ ] Hände zusammen!
- [ ] Flach und weit vorn eintauchen!
- [ ] Beim Eintauchen gestreckt bleiben!
- [ ] Unter Wasser gleiten, bis die Schwimmgeschwindigkeit erreicht ist!
- [ ] Zuerst die Beinbewegung einsetzen!
- [ ] Arme setzen nacheinander ein!
- [ ] Ein Tauchzug beim Brustschwimmen.

- [ ] _____
- [ ] _____
- [ ] _____
- [ ] _____

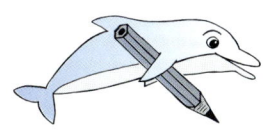

Auf die freien Linien schreibst du Hinweise, die dein Trainer dir noch zusätzlich gibt!
Kreuze mit Bleistift an, welche Hinweise im Moment für dich besonders wichtig sind. Wenn es klappt, dann radiere das Kreuz wieder aus.

Schau dir die Zeichnungen gut an. Was machen die Schwimmer beim Startsprung falsch?

1

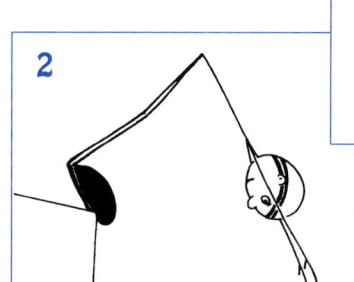

2

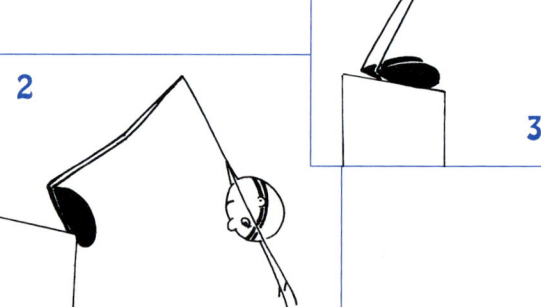

3

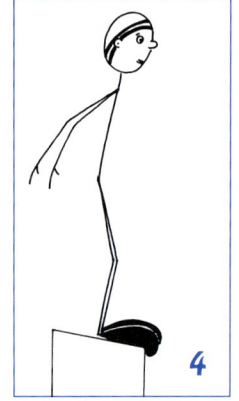

4

·5

Fürs Springen brauchst du ein gutes Körpergefühl. Die richtige Absprunghöhe, die Flugphase, das Eintauchen und das Gleiten musst du spüren.

Der Rückenstart

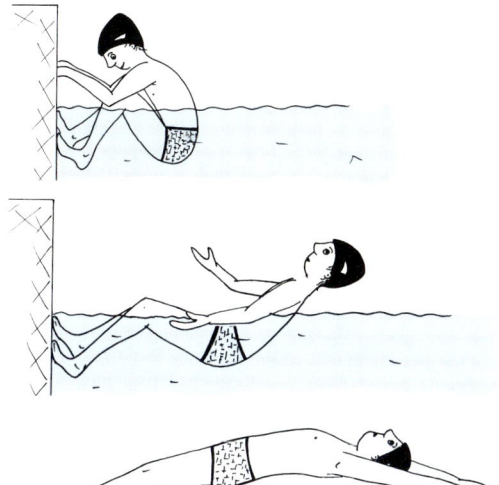

Der Blick ist zur Wand gerichtet. Die Füße haben
festen Halt an der Wand.
Sie sind in Schrittstellung
oder in gleicher Höhe.

Kräftig abspringen und dabei die Arme nach hinten
reißen.

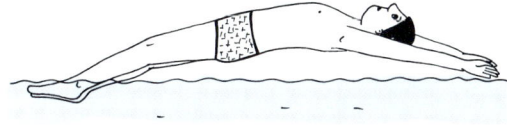

Den Körper strecken. Die
Hüfte kommt dabei nach
oben.

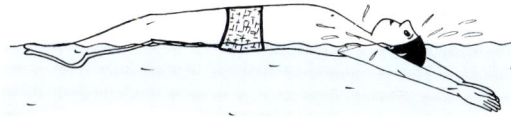

Zuerst mit beiden Armen
ins Wasser eintauchen.

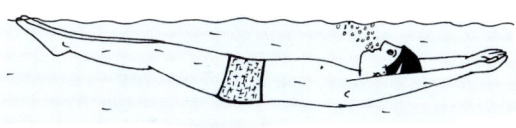

Flach eintauchen und nach
der Wasseroberfläche orientieren.

Zuerst setzt die Beinbewe-
gung ein. (Das kann die
Rückenkraulbewegung oder
Delfinbewegung sein.)
Dann folgen nacheinander
die Arme.

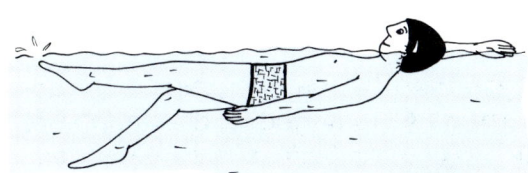

Was du beachten solltest:

- ☐ Füße in Schrittstellung!
- ☐ Zehen sind dicht unter Wasser!
- ☐ An der Startvorrichtung gut festhalten!
- ☐ Füße haben festen Halt an der Beckenwand!
- ☐ Die Wand anschauen!
- ☐ Auf das Startsignal konzentrieren!
- ☐ Arme kurz anziehen!
- ☐ Kräftig abspringen und die Arme nach hinten reißen!
- ☐ Hüfte nach vorn. Hohlkreuz machen (Bogenspannung)!
- ☐ Kopf in den Nacken!
- ☐ In der Flugphase ist der Körper gestreckt mit leichtem Hohlkreuz!
- ☐ Arme gestreckt nach hinten!
- ☐ Beim Eintauchen gestreckt bleiben!
- ☐ Mit den Händen zuerst eintauchen!
- ☐ Körper und Arme bleiben gestreckt!
- ☐ Nicht mit dem Rücken gegen das Wasser drücken!
- ☐ Unter Wasser gleiten, bis die Schwimmgeschwindigkeit erreicht ist!
- ☐ Zuerst mit der Beinbewegung einsetzen!
- ☐ Die Arme setzen nacheinander ein!
- ☐ Kinn zur Brust und Handanstellen bringen den Körper zur Wasseroberfläche!
- ☐ Zur Wasseroberfläche schauen!

- ☐ _____
- ☐ _____
- ☐ _____

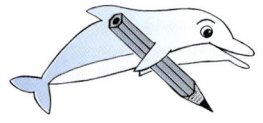

Auf die freien Linien schreibst du Hinweise, die dein Trainer dir noch zusätzlich gibt!
Kreuze mit Bleistift an. Wenn es klappt, dann radiere das Kreuz wieder aus.

Auf den Zeichnungen wird der Rückenstart fehlerhaft ausgeführt. Kannst du die Fehler finden?

1

2

3

4

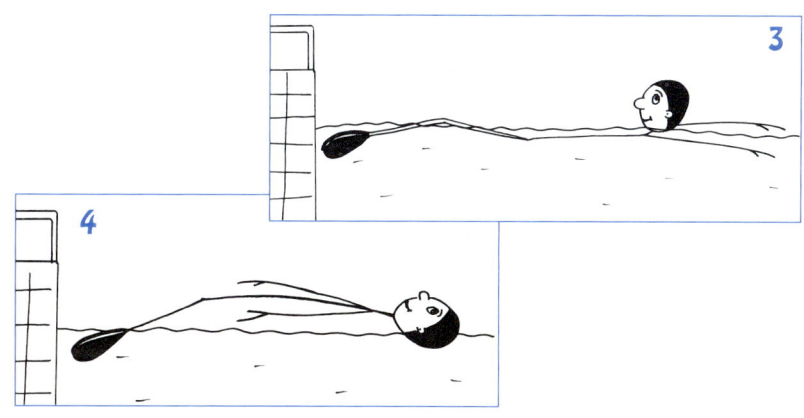

5

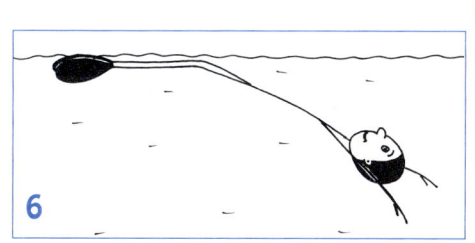

6

Übungen für Zuhause

Für einen guten Start brauchst du Reaktionsschnellig-keit und Sprungkraft. Beides lässt sich auch gut außer-halb des Wassers üben.

1. Ein Partner hält einen Ball (oder anderen Gegenstand) und wirft ihn dir zu. Du musst diesen fangen, darfst aber nicht auf Täu-schungen hereinfallen und vorher zucken.

2. Du gehst in die Sprunghaltung und springst auf ein Kommando deines Partners (Klatschen, Pfeifen, Rufen) so hoch und weit wie möglich.

3. Strecksprünge
   - Kräftig abspringen.
   - Arme über den Kopf.
   - Kopf in den Nacken.
   - Körper strecken.
   - Bogenspannung einnehmen.

**Verfolge deine Leistungsentwicklung und halte die Ergebnisse schriftlich fest.
Schreibe Sprungweiten, Sprunghöhen und Reak-tionsergebnisse in Diagramme, wie wir es in Kapi-tel 6 beschrieben haben.**

Der Übergang zur Schwimmbewegung

Die Übergänge in die Schwimmbewegung nach Start und Wende sind besonders auf 25-m-Bahnen zunehmend leistungsbestimmender geworden.

Nach dem Eintauchen darf der Körper nur so lange gleiten, bis die Gleitgeschwindigkeit genauso hoch ist wie die Schwimmgeschwindigkeit. Dann muss die Bewegung der jeweiligen Schwimmart für den Vortrieb eingesetzt werden. Den richtigen Zeitpunkt dafür zu finden, klappt nicht gleich. Er muss nach vielem Üben vom Schwimmer „erfühlt" werden.

Der Tauchzug
Beim Brustschwimmen ist ein Tauchzug nach Start und Wende erlaubt. Dabei werden die Arme bis zum Oberschenkel durchgezogen. Er bringt mehr Vortrieb als eine normale Gesamtbewegung im Brustschwimmen. Deshalb muss er auch gut geübt werden.

Die Delfinbewegung
Beim Schmetterlingsschwimmen, beim Rückenkraulschwimmen und zunehmend beim Kraulschwimmen wird die Delfinbewegung nach einer kurzen Gleitphase eingesetzt.

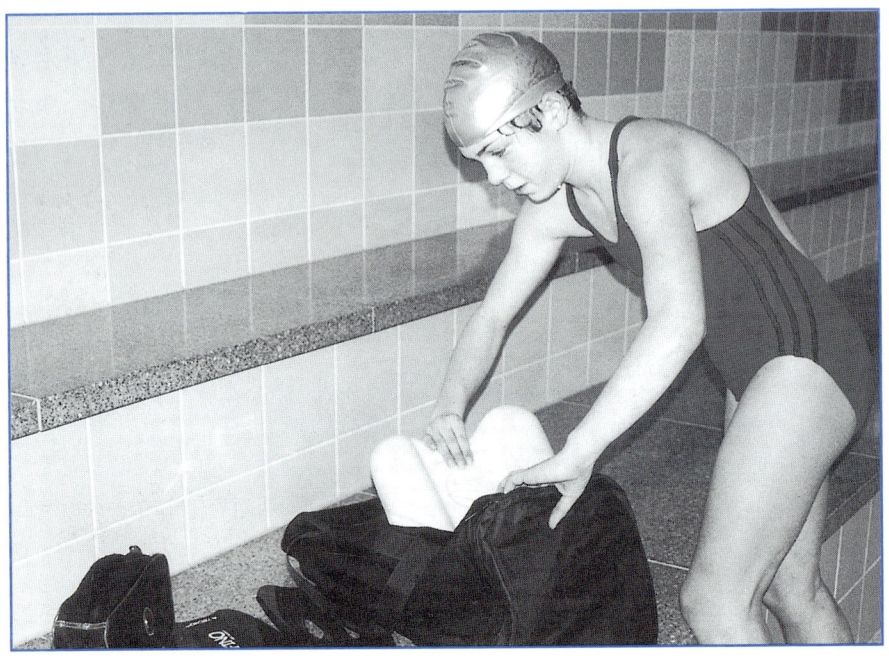

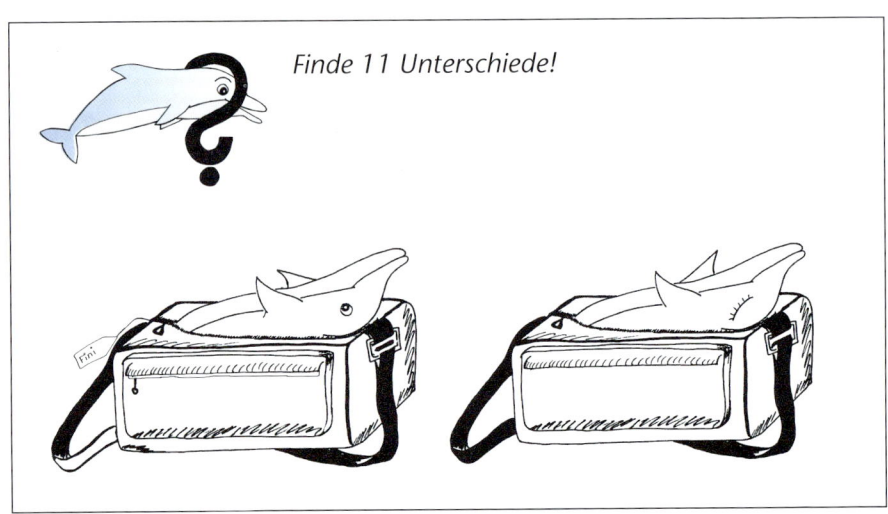

Finde 11 Unterschiede!

·····················9 DIE AUSRÜSTUNG

Schwimmen ist eine der Sportarten, in welcher der Sportler die Trainingstasche für das Training im Wasser und für das Training an Land packt.

 Was wird für das Wassertraining gebraucht?

- Badeanzug/Badehose   (lege dir möglichst drei Stück zu)
- Badekappe   (ist gut gegen den Wasserwiderstand)
- Schwimmbrille   (besonders bei Chlorempfindlichkeit)
- Badeschuhe
- Eventuell Flossen, Schwimmbrett, Pull-Buoy

 Was wird für das Landtraining gebraucht?

- Sportkleidung kurz und lang   (bequem, wettergerecht, atmungsaktiv)
- Sportschuhe

Dazu kommen: Duschzeug/Handtuch, Mütze, Essen, Trinken

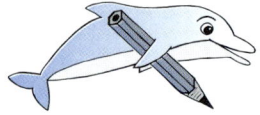

Haben wir etwas vergessen? Ergänze auf den freien Linien, was du sonst noch brauchst!

Für den Wettkampf

Du weißt, dass eine gute Erwärmung vor dem Wettkampf sehr wichtig ist. Nun musst du aber auch darauf achten, dass du warm bleibst. Trage in den Pausen warme Sachen über der Badekleidung. Zieh diese erst unmittelbar vor dem Start aus.

Wechsle zwischen den Läufen die Badekleidung. Die nassen Sachen kühlen dich aus.

Die Checkliste

Zum Training und vor allem zum Wettkampf ist es sehr ärgerlich, wenn du etwas vergisst. Deshalb fertige dir als Einpackhilfe eine Checkliste an.

Du schreibst alle Sachen, die du benötigst, auf ein Blatt. Ist etwas eingepackt, wird abgehakt. Verwende für das Häkchen einen Bleistift. So kannst du beim nächsten Packen die alten Häkchen ausradieren und neue machen.

·····················10 DAMIT ALLES SEINE ORDNUNG HAT

Wird ein offizieller Wettkampf durchgeführt, muss eine ganze Menge beachtet werden. Der Veranstalter sorgt für ordentliche Wettkampfbedingungen und für einen fairen und regelgerechten Ablauf.

Aber auch als Schwimmer kannst du nicht nur locker in die Halle kommen, dich darauf verlassen, dass die Kampfrichter schon alles ordnen und du nur ein bisschen vor dich hinschwimmen brauchst. Jeder Wettkampfteilnehmer sollte die wichtigsten *Wettkampfbestimmungen* kennen.

Die Wettkampfbestimmungen

Alle Festlegungen für Schwimmwettkämpfe findest du in den *Wettkampfbestimmungen des DSV*. Da gibt es Regeln zum Beispiel zu:
- Disziplinen
- Altersklassen
- Ausführung der Schwimmarten, Wenden, Starts, Staffeln
- Startberechtigung, Meldung und Verteilung der Startbahnen
- Ablauf des Starts, Zeitmessung, Platzierung, Ergebnisse
- Kampfgericht, Rekorde, Schwimmbecken

Über die genauen Feslegungen wird dich auch dein Trainer informieren.
Wettkampfbestimmungen werden ab und zu angepasst und geändert. Sollte dir so etwas auffallen, dann korrigiere es.

Das Schwimmbecken

Ein Wettkampfbecken hat eine Länge von 50 m oder auch 25 m. Die Wassertemperatur beträgt etwa 25 °C. Um den Schwimmern während der Strecke die Orientierung zu erleichtern, gibt es einige Markierungsleinen und farbige Beckenmarkierungen.

Es gibt acht Bahnen, die jeweils 2,50 m breit sind. Neben Bahn 1 und Bahn 8 gibt es einen 50 cm breiten Randstreifen zum Beckenrand.

Die Fehlstartleine ist 15 m vom Start entfernt und wird bei einem Fehlstart schnell hinuntergelassen.

Auf dem Beckenboden gibt es dunkle Bahnmarkierungen, die jeweils 2 m vor Bahnende enden.

5 m vor Bahnende gibt es eine Wimpelleine als Wendehinweis für Rückenschwimmer.

Die Bahnleinen sind an den Stirnseiten befestigt und bestehen aus aneinander stoßenden Schwimmkörpern. An jedem Ende ändert sich auf den letzten 5 m die Farbe.

 Das Kampfgericht

Viele Helfer werden gebraucht, damit ein Wettkampf ordnungsgemäß und fair für alle ablaufen kann. Vielleicht interessiert dich solch eine verantwortungsvolle Aufgabe auch und du kannst später einmal im Wettkampfgericht mitarbeiten.

> Es werden mindestens gebraucht:
> • Schiedsrichter
> • Starter (er ist gleichzeitig Schwimmrichter)
> • Zielrichter (einer davon ist Zeitobmann)
> • Zeitnehmer je Bahn
> • Wenderichter
> • Protokollführer
> • Schwimmrichter
> • Sprecher
> • Auswerter
>
> Oft erfüllt ein Kampfrichter auch zwei Funktionen.

Bei größeren Wettkämpfen werden noch mehr Leute gebraucht. Wichtig sind auch die Ersatzleute, die sich in Bereitschaft halten.

Die meisten Kampfrichter übernehmen diese Aufgaben freiwillig und in ihrer Freizeit. Damit sie ihre Arbeit gut ausführen können, werden sie ausgebildet, benötigen Prüfungen und Bestätigungen.

 Die Zeitmessung

In einigen Schwimmhallen gibt es eine elektronische Zeitmessung. Die Uhr wird beim Startsignal ausgelöst und beim Anschlag der Schwimmer jeweils gestoppt.

Oft wird die Zeit aber noch per Hand gestoppt.

Der Start

Der Schiedsrichter gibt alle Signale für die Startvorbereitung. Die Schwimmer müssen den Signalen ohne Verzögerung Folge leisten.

Mehrere kurze Pfiffe: • *Kleidung ablegen.*

Folgender, langer Pfiff: • *Auf dem Startblock Aufstellung nehmen.*

• *Rückenschwimmer und Startschwimmer von Lagenstaffeln springen ins Wasser.*

Sind alle Schwimmer und Kampfrichter vorbereitet, streckt der Schiedsrichter den Arm aus und gibt damit dem Starter ein Zeichen.

Kommando „Auf die Plätze":

• *Alle Schwimmer nehmen die Startposition ein.*

Wenn alle Schwimmer sich ruhig verhalten, ertönt das Startsignal.

Bei einem Fehlstart kommen mehrfach wiederholte Töne (Schuss, Hupe, Pfiff) und die Fehlstartleine fällt. Wer als Nächstes einen Fehlstart verursacht, wird disqualifiziert.

Zu den Schwimmarten, Wenden und Starts

Für alle vier Wettkampfschwimmarten gibt es genaue Vorschriften über die Ausführung.

Neben der korrekten Ausführung der entsprechenden Technik betrifft dies auch die Tauchphase. Beim Brustschwimmen ist ein Tauchzug erlaubt. Beim Rückenkraul- und beim Schmetterlingsschwimmen muss vor der 15-m-Marke aufgetaucht werden.

Außerdem erfordert jede Schwimmart eine spezielle Wendetechnik. Beim Freistil- und Rückenkraulschwimmen reicht es, wenn ein Körperteil die Wand berührt. Beim Schmetterlings- und Brustschwimmen muss mit beiden Händen gleichzeitig angeschlagen werden.

·········· 11 DIE SCHWIMMABZEICHEN

Frühschwimmer „Seepferdchen"

Bestimmt warst du auch eines von den vielen Kindern, die stolz ihr Seepferdchen an der Badehose oder dem Badeanzug tragen. Jeder sollte sehen, dass du schwimmen kannst.

Erreicht: _____

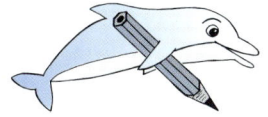

Trage ein, wann du das jeweilige Schwimmab-zeichen erreichen willst (Ziel) und wann du es tatsächlich erreicht hast.

„Seehund Trixi" – Vielseitigkeitsabzeichen

Ziel: _____   Erreicht: _____

Deutscher Jugendschwimmpass

Kinder und Jugendliche bis 18 Jahre können den deutschen Jugend-schwimmpass erreichen.

Deutsches Jugendschwimmabzeichen in Bronze: _____
Deutsches Jugendschwimmabzeichen in Silber: _____
Deutsches Jugendschwimmabzeichen in Gold: _____

Frage deinen Trainer nach den Bedingungen.

Jeder Schwimmer ein Rettungsschwimmer

Wie soll man im Notfall reagieren?

Hilfe holen:

- **W**o ist der Unfallort?
- **W**as ist geschehen?
- **W**ie viele Verletzte?
- **W**elche Verletzungen?
- **W**er ruft an?
- **W**arten auf Rückfragen.

Hilfe! Hilfe!

Ein Rettungsmittel zuwerfen:

Erkennst du, dass jemand in Not ist, dann wirf ihm etwas zum Festhalten zu. Wenn kein Rettungsring vorhanden ist, eignen sich auch Gegenstände wie Bälle, Schwimmnudeln, Holzbretter oder eine Rettungsleine.

Zum Ertrinkenden schwimmen:

Es ist immer sehr gefährlich, zu einem Ertrinkenden zu schwimmen. Halte nie direkt deine Hand hin, sondern reiche ein Brett, einen Rettungsring, einen Ball oder etwas Ähnliches. Achte immer darauf, dass du eine Umklammerung vermeidest.

So kannst du dich aus einer Umklammerung von hinten befreien und den in Not Geratenen mit dem Fesselschleppgriff halten und schleppen.

Wehre dich mit Händen und Füßen gegen eine gefährliche Umklammerung.

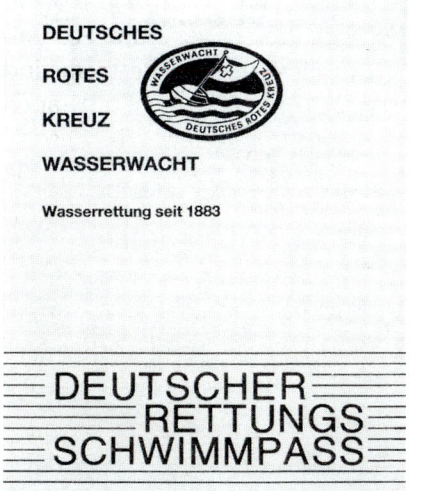

Da jeder Schwimmer auch ein Rettungsschwimmer sein sollte, nutze die Möglichkeit, an einem Rettungsschwimmerkurs bei der *DLRG* oder bei der *Wasserwacht* teilzunehmen. Dort erhältst du genauere Informationen und kannst die richtigen Verhaltensweisen üben.

Wenn du 12 Jahre alt bist, darfst du die Prüfungen für den Rettungsschwimmpass in Bronze ablegen, ab 15 Jahre in Silber und ab 16 Jahre in Gold.

Wenn du selbst in Not bist
- Ruhe bewahren, denn durch wildes Gezappel verlierst du zu viel Kraft. Versuche, dich irgendwo festzuhalten.
- Mache andere Schwimmer durch Rufen oder Winken auf dich aufmerksam.

W	P	Ö	K	A	R	T	O	F	F	E	L	A	B	I
Z	U	C	H	I	N	I	K	A	M	F	O	R	S	V
X	C	M	F	L	Ä	J	C	H	I	C	O	R	E	E
T	W	Q	V	Ä	E	I	G	U	R	K	E	A	G	Ü
E	B	E	P	G	E	F	L	A	K	G	B	F	J	W
T	X	N	N	U	L	E	P	O	K	R	C	A	O	D
A	N	A	N	A	S	M	L	A	S	A	L	A	T	V
M	R	N	E	A	K	I	R	P	A	P	I	Ä	L	T
O	C	A	V	M	P	R	L	S	M	E	W	J	F	A
T	S	B	I	R	N	E	P	G	O	F	H	D	K	N
K	A	R	O	T	T	E	Z	I	T	R	O	N	E	I
F	S	A	W	E	I	N	T	R	A	U	B	E	N	P
R	S	I	B	R	Ü	K	L	C	L	I	Z	A	I	S
R	E	R	E	E	B	D	R	E	Z	T	P	F	K	Ö

Finde 16 Obst- und Gemüsesorten, waagerecht, senkrecht oder diagonal!

Diese Nahrungspyramide zeigt, welche Nahrungsmittel du in großen Mengen und welche du lieber sehr selten verzehren solltest.
Für jede Nahrungsgruppe werden Beispiele genannt.

Öl,
Fett,
Torte,
Pralinen,
Schokolade, Bonbon

Milch Käse, Joghurt, Wurst, Fleisch, Eier, Bohnen, Erbsen, Nüsse

Banane, Apfel, Orange, Kiwi, Karotte, Tomate, Salat, Brokkoli, Gurke, Paprika

Brot, Kartoffeln, Reis, Nudeln, Müsli, Cornflakes

Mineralwasser, Fruchtsaftschorle, Tee

···············12 RUNDHERUM GESUND

Wer glaubt, hartes und schweißtreibendes Training mehrmals in der Woche ist allein ausreichend für sportlichen Erfolg, wird wahrscheinlich bald eines Besseren belehrt. Neben dem fordernden Training sind Erholungsphasen sehr wichtig, ausreichender Schlaf, gesunde Ernährung, Körperhygiene, Ordnung und vieles mehr.

Du solltest deine innere Uhr erkennen und auf sie hören lernen. Sie sagt dir, wann du besonders leistungsfähig bist oder dringend eine Erholung brauchst und entspannen solltest. Ein guter Schwimmer spürt zum Beispiel auch, wann er energiereiche Nahrung zu sich nehmen muss, um leistungsfähig und konzentriert zu bleiben.

In diesem Kapitel haben wir dazu einige interessante Informationen zusammengestellt. Nimm dies als Anregung, dich mit dem eigenen Körper, der inneren Uhr sowie gesunder Ernährung zu beschäftigen.

Viel Spaß!

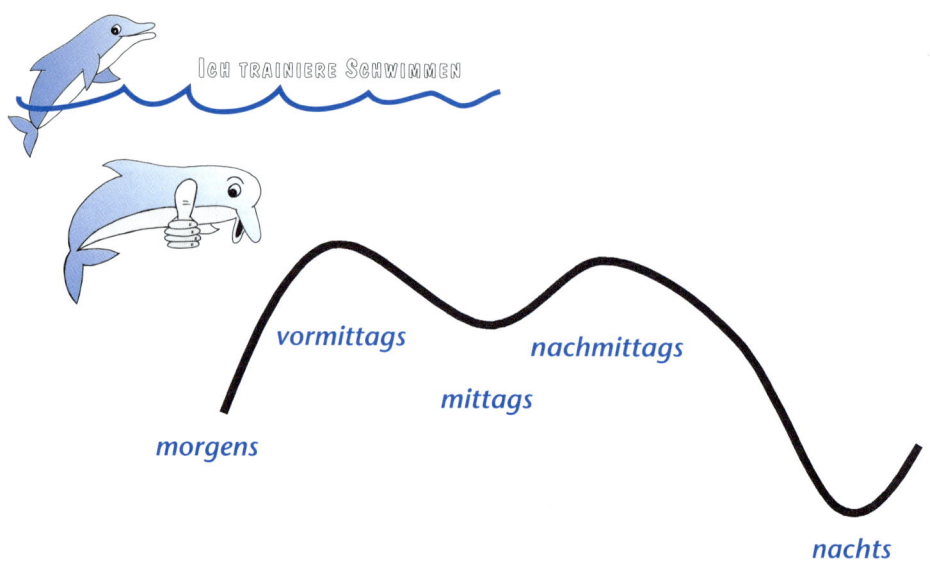

morgens · vormittags · mittags · nachmittags · nachts

Unsere Leistungsfähigkeit

Im Verlaufe eines Tages erlebt unsere Leistungsfähigkeit Höhen und Tiefen, wie du an der Kurve erkennen kannst. Dies ist bei allen Menschen ähnlich und wir haben unser Leben darauf eingestellt. Der hauptsächliche Schulunterricht findet vormittags statt, zur Mittagsruhe gönnen sich manche sogar ein Schläfchen, nachmittags können wir wieder durchstarten und nachts bekommt unser Körper den wohlverdienten Schlaf. Wer diesen Rhythmus beachtet, lebt gesund und ist leistungsfähig. Du spürst, wenn du dich nicht genug ausruhst und ausreichend schläfst und es wäre schade, „Hochs" nicht zu nutzen.

Iss und trink dich fit!

Sportler, die vor dem Training oder dem Wettkampf zu viel oder auch das Falsche essen und trinken, sind nicht leistungsfähig. Sie fühlen sich voll gestopft, wirken müde und schlapp. Bei vielen Körperfunktionen wird gespart, weil der Magen auf Hochtouren arbeitet. Aber essen und vor allem trinken müssen wir, um dem Körper die verbrauchte Energie zuzuführen und den Flüssigkeitsverlust, der durch das Schwitzen eintritt, auszugleichen. Bei langem Training und Wettkämpfen ist das auch zwischendurch notwendig.

Entnimm den Übersichten, was sich für deine Hauptmahlzeiten, die Zwischenmahlzeiten und den Energieschub zwischendurch eignet und was nicht. Wähle deine Speisen und Getränke sowie den Zeitpunkt der Nahrungsaufnahme so, dass du in Training und Wettkampf ausreichend versorgt bist, aber nicht nebenbei auch noch verdauen musst.

Die Schwimmer benötigen für die Bewältigung der Ausdauerleistung insbesondere Kohlenhydrate, z. B. Nudeln, Brot, Kartoffeln.

Wie lange Speisen im Magen bleiben, bis sie verdaut sind:

Ca. eine Stunde:	*Wasser, Tee, Brühe.*
Ca. 2-3 Stunden:	*Kakao, Banane, Apfel, Brötchen, Reis, gekochter Fisch, weiches Ei, Vollkornbrot, Kuchen, Butterbrot, Müsli, Gemüse.*
Ca. 4-5 Stunden:	*Wurst, Fleisch, Bratkartoffeln, Pommes frites, Bohnen oder Erbsen.*
Ca. 6-7 Stunden:	*Sahnetorte, Pilze, Fisch in Öl, fetter Braten.*

Wer schwitzt, muss viel trinken

Um deinen Schweißverlust auszugleichen, musst du zum Training und Wettkampf ausreichend Flüssigkeit zu dir nehmen. Ansonsten sinkt die Leistungsfähigkeit, das Blut verdickt, kann weniger Sauerstoff aufnehmen und es kommt zu Muskelkrämpfen.

 Geeignete Getränke vor und während der Belastung
Mineralwasser, Fruchtsaftschorle in einer Konzentration von ca. 1:3, leicht gesüßte Getränke.

 Geeignete Getränke nach der Belastung
Fruchtsaftschorle jetzt mit höherem Fruchsaftanteil, Milchmixgetränke, Getränke mit höherem Zuckergehalt.

Die Hygiene nicht vergessen!

In den meisten Schwimmhallen liegt
zwischen Garderobe und Becken der
Duschraum. Das ist extra so einge-
richtet, damit keiner das Duschen
und die gründliche Reinigung vor
und nach dem Schwimmen vergisst.

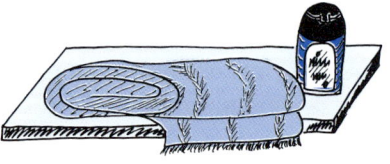

Vielleicht wirst du dich fragen, warum muss ich mich so oft waschen?
Ich habe mich doch schon am Morgen geduscht und wenn ich nach
dem Training aus dem Wasser steige, habe ich ja schon fast Schwimm-
häute!

Warum muss ich mich vor dem Schwimmtraining waschen?

- Weil du schwitzt und der Schweiß auf deiner Haut haftet.
- Weil du vieles angefasst hast und dadurch Schmutz und Bakterien an
  den Händen und am Körper sind.
- Weil durch die Umwelt Staub auf deinem Körper ist.
- Weil das Schwimmbecken keine „Massenreinigungsbadewanne" ist
  und jeder Schwimmer sauber ins Wasser geht.

Warum muss ich mich nach dem Schwimmtraining waschen?

Deine Haut ist ein sehr wichtiges Körperorgan und muss deshalb gut geschützt und gepflegt werden. Nach dem Schwimmen reinigst du deine Haut gründlich von Chlor und Schmutz aus dem Wasser. Verwende möglichst ein Cremeduschbad und anschließend eine Körperlotion.

Eine Schwimmbrille schützt die Augen vor dem Chlor.

Wie kann ich mich vor Fußpilz schützen?

Trage immer Badeschuhe. So haben die Pilzbakterien weniger Chancen, an deine Füße zu gelangen.
Trockne deine Füße vor dem Anziehen immer gründlich ab.

Warum brauche ich eine Kopfbedeckung nach dem Schwimmen?

Es besteht große Erkältungsgefahr! Ein Trainingsausfall durch Krankheit wirft dich wieder zurück.
Schwimmtraining ist anstrengend. Auch wenn du dir den Kopf gut abgetrocknet und die Haare geföhnt hast, schwitzt du noch nach und die Kopfhaut ist feucht.
Ein großer Teil unserer Körperwärme wird über den Kopf abgegeben.

Welche Muskeln treten in Aktion, wenn ich Schmetterling schwimme?

Meine Lachmuskeln!

Das Lösungswort des Rätsels ergibt eine Schwimm-hilfe, die du im Training nun nicht mehr verwenden solltest.

1 Deine Lieblingssportart
2 Gebäude, in dem Schwimmwettkämpfe stattfinden
3 Nicht national, sondern ...
4 Erfolgreichster deutscher Rückenschwimmer, Roland ...
5 Absperrung zwischen den Bahnen
6 Ziel bei großen Wett-kämpfen
7 Wettkampf, in dem alle vier Schwimmarten ge-schwommen werden

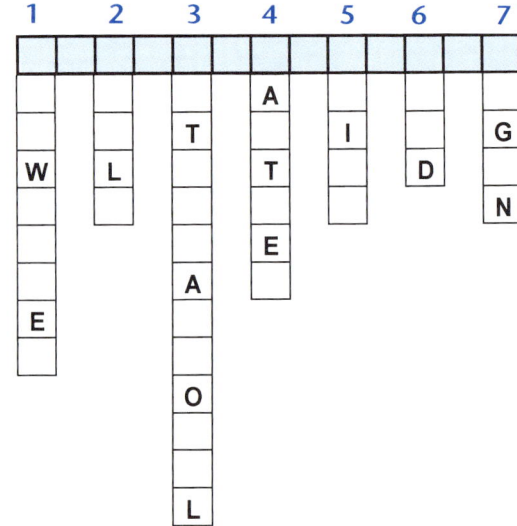

	1	2	3	4	5	6	7
				A			
			T	T	I		G
	W	L		T		D	
							N
				E			
			A				
	E						
			O				
			L				

··················13 Auflösungen

S. 24 **Sportarten**: Kanu, Wasserball, Wasserspringen, Tauchen, Moderner Fünfkampf, Synchronschwimmen.
Noch: Rudern, Surfen, Triathlon, ...

S. 30 **1.** Du solltest dem Trainer sagen, dass die Atmung schlecht klappt. Wenn du mit schlechter Technik lange Strecken trainierst, dann prägt sich das Falsche ein. Schlage ihm vor, in dieser Trainingseinheit zuerst an der richtigen Atemtechnik zu arbeiten oder das Ausdauertraining in einer anderen Schwimmart zu absolvieren.
2. Training macht nur Sinn, wenn es anstrengt. Vielleicht würde keiner merken, wie locker du die Übungen machst, aber damit vergeudest du nur Zeit. Setze dir einfach selbst ein höheres Ziel oder sage deinem Trainer, dass er die Wiederholungen zu niedrig bestimmt hat.

S. 44 Selbstbewusstsein – Spaß am Schwimmen – ~~Selbstzweifel~~ – ~~blinde Wut~~ – Risikobereitschaft – Lockerheit – ~~Angst, zu verlieren~~ – Ehrgeiz – Siegeswille – Vertrauen in die eigene Leistung – ~~Pessimismus~~ – ~~schlechte Laune~~ – sich gut in Form fühlen – Konzentrationsfähigkeit.

S. 54/55 Test
12-15 Punkte
Mit deiner Einstellung zum Sport kannst du es weit bringen. Du hast Spaß am Wettkampf, bist fair und kannst dich auch mal selbst überwinden. Mach weiter so!
8-11 Punkte
Du hast eine ganz gute Einstellung zum Sport, fährst aber manchmal nur im ersten Gang. Mit mehr Spaß und Siegeswillen könntest du erfolgreicher schwimmen.

5-7 Punkte

Du musst noch etwas an deiner Einstellung in Bezug auf Fairness und Kameradschaftlichkeit arbeiten. Nimm das Training und die Wettkämpfe ernst, sei fair zu den anderen Sportlern und hab Spaß am Schwimmen.

S. 56

	R	O	L	A	N	D	M	A	T	T	H	E	S		
		S	T	E	V	T	H	E	L	O	K	E			
				A	N	T	J	E	B	U	S	C	H	S	C	H	U	L	T	E
F	R	A	N	Z	I	S	K	A	V	A	N	A	L	M	S	I	C	K
					K	R	I	S	T	I	N	O	T	T	O
		M	I	C	H	A	E	L	G	R	O	S	S
	H	A	N	N	A	H	S	T	O	C	K	B	A	U	E	R
		T	H	O	M	A	S	R	U	P	P	R	A	T	H

S. 59

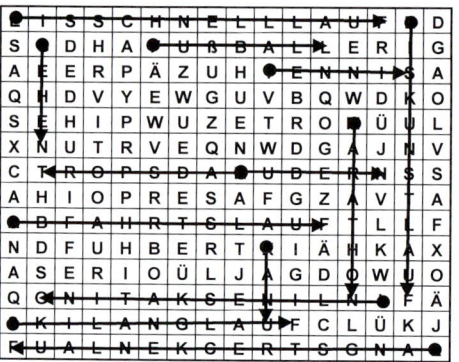

S. 96   **Fehler Brust**

1 Hüfte zu tief, Kopf zu hoch.

2 Knie werden zu weit unter den Bauch gezogen.

3 Arme werden zu weit nach hinten gezogen.

4 Füße durchbrechen die Wasseroberfläche, Schere.

5 Schwimmer atmet nicht unter Wasser aus.

S. 99   **Fehler Rückenkraul**

1 Schwimmer „sitzt", Kopf zu hoch.

2 Knie durchbricht die Wasseroberfläche.

3 Kopf ist zu weit hinten.

4 Füße sind nicht gestreckt.

5 Armeinsatz zu weit außen.

6 Kein sauberer Wechselschlag der Arme.

S. 102 **Fehler Kraul**

1 Der Kopf ist zu tief.

2 Knie zu stark gebeugt.

3 Arme zu weit außen, gestreckt.

4 Kopf zu hoch, Arm gestreckt.

5 Beine zu weit aus dem Wasser.

6 Finger sind geöffnet, unregelmäßige Armbewegung.

S. 105 **Fehler Schmetterling**

1 Oberkörper zu hoch.

2 Füße aus dem Wasser.

3 Zehen nicht gestreckt.

4 Zu tiefes Abtauchen.

5 Arme werden zu kurz gezogen.

6 Die Armführung ist unsymmetrisch.

S. 113 **Fehler Wenden**

1 Bei der Brustwende ist nur eine Hand am Anschlag.

2 Schwimmer ist zu dicht und zu tief.

3 Schwimmer ist zu dicht, Augen sind geschlossen.

4 Füße sind zu hoch.

5 Arme nicht vorn.

S. 120 **Fehler Startsprung**

1 Schwimmer schaut nicht nach vorn.

2 Er springt nicht ab, sondern fällt.

3 Keine Starthaltung.

4 Zu weit nach hinten gelehnt.

5 Körper ist nicht gestreckt.

S. 123 **Fehler Rückenstart**

1 Zehen sind über Wasser.

2 Beine sind zu tief. Blick ist nicht zur Beckenwand gerichtet.

3 Hüfte ist nicht oben. Keine Bogenspannung des Körpers.

4 Arme sind nicht hinten, sondern an der Seite.

5 Zu steiles Abspringen.

6 Zu tiefes Eintauchen.

S. 126

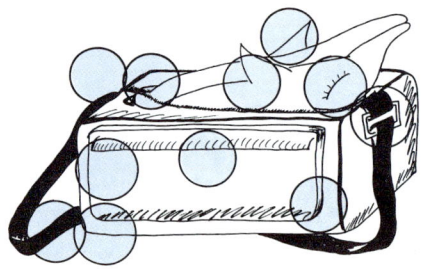

S. 136

W	P	Ö	B	A	R	T	O	F	F	E	L	A	O	I
U	U	C	H	I	N	L	K	A	M	F	O	R	S	V
X	C	M	F	L	Ä	J	O	H	I	C	O	R	E	E
T	W	Q	V	Ä	E	I	O	U	R	E	A	G	Ü
E	B	F	P	G	E	F	L	A	K	O	B	F	J	W
T	X	M	N	U	L	E	P	O	K	R	C	A	O	D
O	N	N	A	S	M	L	A	S	A	L	A	T	L	V
M	R	N	E	A	K	I	R	P	A	I	Ä	L	T
O	C	A	V	M	P	R	L	S	M	E	W	J	F	A
T	S	O	I	R	N	E	P	G	O	R	H	D	K	N
K	A	R	O	T	T	E	Z	I	T	R	O	N	E	J
F	S	A	W	E	I	N	T	R	A	U	B	E	P
R	S	I	B	R	Ü	O	L	C	L	I	Z	A	I	O
R	E	R	E	E	B	B	R	O	Z	T	P	F	K	Ö

S. 142

S	C	H	W	I	M	M	F	L	Ü	G	E	L
C		A		N		A		E		O		A
H		L		T		A		I		L		G
W		L		E		T		N		D		E
I		E		R		H		E				N
M				N		E						
M				A		S						
E				T								
N				I								
				O								
				N								
				A								
				L								

••••••••••••••••••••••14 Auf ein Wort

Liebe Eltern!

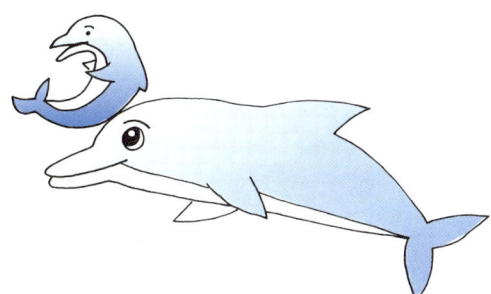

Ihr Kind hat Freude am Schwimmen! Aber es reicht ihm nicht, sich nur irgendwie über Wasser zu halten und herumzuplanschen. Es möchte in einem Verein trainieren.

Wissen Sie, warum das so ist? Fragen Sie Ihr Kind danach oder lassen Sie sich die im Buch enthaltene Seite mit den Motiven zeigen. Eines sollten Sie voraussetzen: Wer im Schwimmen trainiert, will erfolgreich sein und gewinnen.

Ein zukünftiger Spitzenschwimmer sollte etwa im Alter von acht oder neun Jahren mit dem Training beginnen. Das Grundlagentraining von etwa drei bis vier Jahren schafft die Voraussetzungen für die nachfolgenden Trainingsetappen (Aufbau-, Anschluss- und Hochleistungstraining).

Das vorliegende Trainingsbuch richtet sich an junge Schwimmer in den ersten Trainingsjahren. Es soll ihnen helfen, ihren Sport besser zu verstehen. Es wird Wissen vermittelt, wie richtig trainiert wird. Die Kinder und Jugendlichen werden lernen, die eigenen Möglichkeiten besser zu erkennen und mit dem eigenen Körper bewusster umzugehen. Damit wird nicht nur effektiveres Training unterstützt, sondern auch mögliche Unter- oder Überforderung verhindert.

Auch für die vielen Schwimmer im Verein, die nicht mit der Zielstellung „Olympia" trainieren, gibt das Buch, unabhängig von den jeweiligen

Voraussetzungen und persönlichen Zielstellungen, eine gute Orientierung. Die Grundausbildung ist für alle gleich, unabhängig davon, ob Ihr Kind den Schwimmsport als Breitensport oder, wenn sich zeigt, dass Ihr Kind besonders talentiert ist, als Leistungssport betreiben möchte. Vielleicht wird es später auch in eine andere, mit Schwimmen verwandte Sportart wechseln.

Alle Eltern, Geschwister, Großeltern und Freunde, die unsere jungen Schwimmer beim Training dieser schönen und vielseitigen Sportart unterstützen wollen, erhalten wichtige Informationen. Nutzen Sie das Buch gemeinsam mit Ihren Kindern als Trainingsbegleiter, Arbeitsbuch und Nachschlagewerk.

Lieber Trainer, liebe Trainerin!

Gutes Nachwuchstraining richtet sich auf die gesamte Persönlichkeits-entwicklung der Kinder und Jugendlichen. Es begreift sich als Lerntätig-keit, weil es die Steuerungs- und Selbststeuerungsprozesse fördert. Es wirkt sozialisierend, weil vor allem Gruppentraining gesellschaftliche Normen, Regeln und Verhaltensmuster übt.

Kinder- und Jugendtraining ist erlebniswirksam und beachtet Stim-mungen, Empfindungen und Gefühle. Es sichert positive Erlebnisse, entwickelt Bedürfnisse und Wünsche, verläuft in herzlicher, liebevoller und aufgeschlossener Atmosphäre.

Die jungen Schwimmer sind dabei Ihre Partner – vorausgesetzt, sie wer-den in den Trainingsprozess aktiv einbezogen und erhalten genügend Handlungsfreiräume. Betrachten Sie deshalb die jungen Schwimmer nicht als Empfänger Ihrer Anweisungen, sondern als Partner im gemein-samen Trainingsprozess. Sagen Sie ihnen, warum, wann, welche Übung für sie notwendig ist und welches Belastungsmaß bei welchen Trainingsteilen besonders günstig ist.

Wir wollen hiermit den Kindern ein trainingsbegleitendes Arbeitsbuch in die Hand geben. Sie können Gelerntes nachlesen, sowie Zielsetzun-gen, Motive und die persönliche Leistungsentwicklung eintragen. Natürlich kann kein Buch die jahrelange Erfahrung der Trainer ersetzen. Auch gehen manchmal die Meinungen von Trainern, Sportwissen-schaftlern und „Bücherschreibern" auseinander. Verstehen Sie dieses Schwimmbuch als Ergänzung zum Training und als Hilfe für die Beschäftigung mit der Sportart über das gemeinsame Training hinaus.

Gerade in Vereinen, in denen auf Grund der begrenzten Hallenzeiten nicht so oft trainiert werden kann, sind Sie einfach darauf angewiesen, dass die jungen Schwimmer selbstständig zusätzlich etwas trainieren.

Das moderne Konzept „Trainingstätigkeit" ist auch auf Selbstzielstellung, Selbstmotivation, Selbstkontrolle und Selbstbewertung ausgerichtet.

Ein wichtiges Ausbildungsziel im Nachwuchstraining liegt darin, dass die Kinder lernen, ihr Anspruchsniveau und damit die Aufgabenschwierigkeit selbst zu bestimmen und behutsam zu steigern. Doch dazu benötigen sie Wissen. Das Buch wird es vermitteln.

Die jungen Schwimmer sind immer Subjekte ihrer eigenen Entwicklung, niemals nur Objekt unserer Beeinflussung. Vielfach wird ihnen nicht genügend Raum für ihre eigene Entfaltung gegeben, oder besser, es wird die Selbstständigkeit unserer Schwimmer zu wenig gefördert und genutzt, um die Intensität und vor allem die Qualität des Übungs- und Trainingsprozesses zu verbessern. Ein guter Nachwuchstrainer denkt ständig darüber nach, wie er durch das Schwimmtraining nicht nur Techniken lehrt oder Kondition entwickelt, sondern, wie er die Kinder und Jugendlichen aktiv in den Übungs- und Trainingsprozess einbeziehen kann, um neben einer qualitativen Verbesserung der Übungsstunden auch bewusster die Persönlichkeitsentwicklung seiner Schwimmer unterstützen zu können.

Weiterhin viel Spaß und Erfolg mit Ihren Schwimmern

wünschen die Autoren.

····················LITERATURHINWEISE

BARTH, K. & DIETZE, J.: Ich lerne Schwimmen. Aachen 2002.

DIETZE, J. (Hrsg.): Grundlagentraining Sportschwimmen.
Leipzig 1999.

KOMAR, I.: Schwimmtechnik im Kindertraining
(Brustschwimmen, Kraulschwimmen, Rückenschwimmen,
Schmetterlingsschwimmen). Aachen 1996.

KOMAR, I.: Schwimmtraining für Kinder Grundlagentraining –
Trainingsprogramme Band 1-3. Aachen 1996.

Lehrbuch Rettungsschwimmen. München 1998.

LUBER, H.: Der Schwimmsport. Leipzig/Zürich o. J.

RENNER, W. & DIETZE, J. & MÜLLER, CH.:
Schwimmen, Anleitung für den Übungsleiter. Berlin 1988.

SCHUCK, H.: Bewegungsregulation im Schwimmen, psychologisches
Training. Aachen 2001.

STICHERT, K.-H.: Sportschwimmen. Berlin 1970.

WILKE, K. & MADSEN, Ö.: Das Training des jugendlichen Schwimmers.
Schorndorf 1997.

Bildnachweis:

Titelgestaltung: Birgit Engelen, Stolberg
Zeichnungen: Katrin Barth
Titelfoto: Sportpressephoto Bongarts, Hamburg
Fotos (Innenteil): Regina Weitz